선생님이 꼭 알아야 할

교육활동 관련 판례

김찬미 지음

KB191492

이 책에는 아동학대 신고, 교내 폭력 사건, 체험학습 중 발생한 사고, 성적 처리 및 학교생활기록부 관련 이의 제기, 학부모의 교사 폭행 등 교육 현장에서 교사들이 직면할 수 있는 다양한 사건·사고에서 비롯된 판례와, 법과 원칙 안에서 교사들이 어떻게 행동해야 할지에 대한 가이드가 담겨 있다. 지금도 학교에서 애쓰고 있는 초중고 교사, 예비 교사들에게 도움이 되기를 희망한다.

씨
아이
알

| 일러두기 |

1. 이 책은 언론에 노출된 판례들을 중심으로 교사의 교육활동과 관련된 판례들을 수집한 것이다.

2. 판결서 인터넷 열람을 통해 얻을 수 있는 2013년 이후의 최신 판례들만 수록하였으며, 심급제도에 따라 해당 판결들을 모두 기록하고자 하였다.

3. 해당 사건의 정확한 사실관계 전달을 위하여 비속어, 거친 언어, 과격한 행동 등이 포함된 표현일지라도 가능한 살려 수록하였다.

4. 완벽히 동일한 사건은 없기 때문에 유사한 상황에 처한다면 법조인의 도움을 받아야 하며, 이 책의 내용은 보조적으로만 활용되어야 한다.

선생님이 꼭
알아야 할
교육활동
관련 판례

책을 내며

2023년 7월, 서이초 사건 이후 잇따른 선생님들의 자살은 교육계뿐만 아니라 나라 전체를 충격에 빠뜨렸다. 특히 초등학교를 중심으로 학교에서 자연스럽게 행해질 수밖에 없는 선생님의 생활지도도 학부모로부터 아동학대, 특히 정서적 학대로 신고당할 수 있고, 일부 교육청에서는 학부모의 신고만으로도 판결이 나기 전에 교사를 직위해제시켰던 관례가 있었음이 드러났다. 교권 4법이 통과되었기 때문에 이제 그러한 관행은 사라지겠지만, 그래도 여전히 선생님들은 생활지도 과정에서 학생과 학부모의 기분이 상하면 아동학대로 신고당하는 것은 아닐까 불안한 마음을 떨칠 수가 없다.

과거에는 선생님이 어떤 방식으로 생활지도를 하든 간에 용인되던 시절도 있었다. 선생님이 학생을 심하게 체벌하거나 욕설을 하더라도 해당 학생을 위한 것으로 또는 교내 질서 유지를 위한 어쩔 수 없는 선택으로 이해받았다. 그 당시에는 오히려 학생들을 인격적으로 존중하면서 생활지도를 하려는 선생님이 순진하고 무능력하다고 평가받기도 했다. 그렇지만 이제는 이처럼 지나친 선생님의 생활지도는 법적으로 '아동학대'로 규정되고, 학부모들이 이를 신고함으로써 선생님의 생활지도를 제지하는 상황에 이르렀다. 문제는 아동학대, 특히 정서적 학대가 무엇인지 모호하여 선생님이 생활지도를 하면서 어디까지 해도 되는지, 어디서부터는 하면 안 되는지 등이 명확하지 않다는 데에 있다.

이러한 상황에서 선생님의 생활지도는 크게 위축된다. 물론 「교원의 학생생활지도에 관한 고시」가 발표되었고 여기에 언급된 '조언, 상담, 주의, 훈육, 훈계'는 아동학대로 보지 않는다는 「초·중등교육법」 개정(제20조의 2 제2항)도 이루어졌지만, 이것이 학교 현장에 어떠한 변화를 가져올지는 아직 모르는 상황이다. 어떤 선생님은 아동학대 신고 위험으로부터 안전하기 위해 어떠한 생활지도도 하지 말자고 주장할지도 모르겠다. 그렇지만 정말로 모든 선생님이 학교에서 학생들에게 어떠한 생활지도도 하지 않는다면 학교는 카오스 상태가 될 것이며 학교폭력과 안전사고가 넘쳐날 것이다. 그리고 그로 인해 발생한 불행한 사건들에 대해 선생님은 직무 유기 및 지도·감독 의무를 저버린 것으로 민·형사상 책임을 피하기 어려울지도 모른다.

그렇다면 선생님이 어떻게 해야 하는가? 이 질문에 대해 필자는 선생님의 교육활동과 관련된 판례들이 현실적인 답을 줄 수 있다고 생각한다. 물론 이 질문에 대해 현장의 선생님들이나 교육학자들의 전문성이 아닌 법조인의 판단에 기대야 한다는 것은 교육계에 종사하는 자로서 다소 슬픈 일이다. 그렇지만 우리나라와 같이 삼권분립을 특징으로 하는 자유민주주의 사회에서 국공립학교의 선생님은 행정부에 소속된 공무원이고, 공무원의 행정작용에 대한 최종적인 판단 권한이 사법부에 있다는 현실을 인정하지 않을 수 없다. 또한 판례가 항상 정의롭고 옳은 것은 아니라고 하더라도 판결의 이유가 서면으로 법 조항에 근거하여 제시되기 때문에 이성적인 판단이 될 가능성이 높고, 이는 일정 부분 학교에서 일어나는 갈등 사안에 대한 국민 여론을 반영한 것일 수도 있다.

물론 우리나라 법체계하에서 판례 자체가 법은 아니지만, 유사한 판례가 있다면 그와 유사한 결론이 나올 가능성이 클 것이다. 그리고 이를 통해 선생님이 교육활동 중에 어떻게 해야 할지에 대한 답을 찾아가 보고자 한다. 오늘도 교실에서 고군분투하는 모든 선생님들을 응원한다.

차례

Chapter 1

교사가 아동학대로 기소된 사례의 대부분은 학생의 부적절한 행동을 제지하는 과정에서 발생한다. 교사들은 학생들의 잘못을 자신의 책임으로 느끼고 변화시키려 하지만, 법적 한계를 넘을 경우 아동학대로 판단될 위험이 있다. 따라서 교사들은 학생의 변화를 단번에 이루려고 하기보다 법적 권한과 역할을 명확히 이해해야 한다.

생활지도하다 아동학대로
신고 당한 경우

이 장의 판례에서 아동학대로 기소된 선생님들은 대부분 초범이며, 아동
학대로 판단된 행위는 학생이 학교에서 부적절한 행위를 하는 것을 제지하
는 과정에서 발생했다. 아마 이 선생님들이 사전에 자신의 행위가 범죄로 판
단될 수 있다는 것을 알았다면 이 행위를 하지 않았을 것이다. 어쩌면 이들
은 교사가 되지 않았다면 범죄자가 되지 않고 우리 사회에서 평범한 시민으
로 살아갔을 것이다.

　또한 이 장에서는 교사의 아동학대 관련 판례를 약 10년 전의 판례부터
비교적 최근의 판례까지 대략 시간순으로 제시하였다. 그 흐름을 보면 2010
년대 초반에는 생활지도의 어려움을 이해하는 동료 교사의 관점에서 보더
라도 학생에게 좋지 않은 영향을 주었을 것 같은 행위들이 아동학대로 판단
되었다. 그러다 2010년대 중반에 아동학대 신고가 증가하고 체벌이 금지되
면서 교사가 욕설을 하는 경우나 화를 참지 못하고 우발적으로 때린 경우 등
이 많은 처벌을 받았고, 최근에 와서는 학급 질서 유지를 위해 정말 어쩔 수

없이 했을 것 같은 교사의 행위까지도 아동학대로 기소되고 3심까지 가서 무죄 판결이 나는 경우가 대부분인 것으로 보인다.

이 장의 판례에 등장하는 선생님들은 왜 그러한 행위를 했을까? 교사, 특히 담임교사가 되면 내가 맡은 학생들이 잘못을 했을 때 그것이 나의 책임인 것 같은 느낌이 많이 든다. 그래서 어떠한 조치를 취해서라도 그 학생을 고쳐 놓아야 할 것 같다는 생각이 들 때가 많다. 그러나 교사가 아동의 변화를 위해 취한 조치가 교사에게 법적으로 주어진 권한을 넘어서게 되면 아동학대로 법적 판단을 받을 위험성이 존재한다. 따라서 이런 생각을 가지고 있는 선생님들은 학생들과 자신을 분리할 필요가 있다. 우리 반 학생이 잘못을 했다고 해서 반드시 담임교사인 내가 무능한 것은 아니다. 또한 학생들은 한 번에 '예쁘게' 말을 듣지 않을 가능성이 크다. 아이들은 기계가 아니기 때문이다. 한 학생의 변화는 대부분 단번에 이루어지지 않으며 부모, 교사 및 친구들과의 상호작용 속에서의 피드백, 깨달음 등이 뒤섞인 지난한 과정을 통해 이루어진다.

그렇다면 학생이 문제행동을 했을 때 선생님은 적법하게 무엇을 할 수 있는가? 2023년 9월에 「교원의 학생생활지도에 관한 고시」(이하 「생활지도 고시」)가 발표되었고, 고시에서 위임한 구체적인 사항은 학교 규칙(학칙)으로 정하게 하였으며, 학급별 세부 규칙은 학급 규칙으로 정하게 하였다.[1] 「생활지도 고시」는 상황별 교사의 생활지도를 다음과 같이 규정하고 있다.[2]

---

1   「생활지도 고시」제12조 ⑪ 학급담당교원은 학생 및 학부모의 의견을 들어 학급의 생활지도에 관한 세부 사항을 법령과 학칙의 범위에서 학급생활규정으로 정하여 시행할 수 있다.
2   교육부(2023). 교원의 학생생활지도에 관한 고시 해설서. 이화여자대학교 학교폭력예방연구소. p.14.

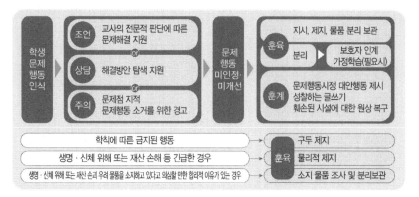

문제행동에 대한 생활지도 절차

「생활지도 고시」에 제시된 '조언, 상담, 주의, 훈육, 훈계'라는 생활지도 방법은 기본적으로 언어적 지도 방법이다. 그리고 선생님이 이 과정에서 학생에게 분노, 혐오 등의 부정적인 감정을 여과 없이 쏟아내는 것은 아동학대로 판단될 가능성이 있으니 특별히 유의해야 한다. 생활지도 과정에 지나치게 감정을 쏟기보다 법과 규정에 맞게 행동하는 것이 필요하다. 다음은 '말로' 타이르거나 잘못을 짚어주는 것 외에 「생활지도 고시」에 제시된 방법들이다. 학칙상 상벌점제를 사용하는 학교의 경우에는 이에 더하여 상벌점제를 활용할 수 있다.

• 문제행동을 시정하기 위한 대안 행동 지시: ex) 수업 준비 습관이 안 되어 있는 경우, 미리 교과서를 준비하고 착석해 있도록 연습시키기(「생활지도 고시」 제13조 제3항)
• 성찰하는 글쓰기: 문제행동에 대해 돌아보고 대안행동을 생각해보도록 함(「생활지도 고시」 제13조 제3항).
• 훼손된 시설·물품에 대한 원상복구: 자신이 어지른 자리에 대한 청소를

포함(「생활지도 고시」 제13조 제3항).

- 수업 중 학생 분리: 학생이 교육활동을 방해하여 다른 학생들의 학습권 보호가 필요하다고 판단하는 경우, (1) 수업 시간 중 교실 내 다른 좌석으로의 이동, (2) 수업 시간 중 교실 내 지정된 위치(교실 뒤 등)로의 분리, (3) 수업 시간 중 교실 밖 지정된 장소(복도 등)로의 분리, (4) 정규 수업 외의 시간에 특정 장소(교무실 등)로의 분리가 가능. 교장은 (3), (4)의 분리를 거부하거나 1일 2회 이상 분리를 했는데도 교육활동 방해가 지속될 경우 학부모에게 가정학습을 하게 할 수 있음(「생활지도 고시」 제12조 제6, 7항).
- 소지품 조사 및 분리보관: (1) 학생이 휴대전화 및 수업에 부적합한 물품을 사용해서 2회 이상 주의를 주었는데도 계속 사용할 경우, (2) 학생 및 교직원의 안전과 건강에 위해를 줄 우려가 있는 물품(흉기 등), (3) 관련 법령에 따라 학생에게 판매될 수 없는 물품(담배, 술 등), (4) 그 밖에 학칙으로 정하여 소지·사용을 금지한 물품의 경우, 지도의 일시 및 경위 등을 교장에게 보고해야 함(「생활지도 고시」 제12조 제8, 9, 10항).
- 물리적 제지: 자신 또는 타인의 생명·신체에 피해를 끼치거나 재산에 중대한 손해를 끼칠 우려가 있는 긴급한 경우에 한하여 가능. 교장에게 보고해야 함(「생활지도 고시」 제12조 제4, 5항).

그리고 이와 같은 방법으로 개선되지 않는 학생의 경우에는 징계에 회부할 수 있다(「생활지도 고시」 제16조 제2항). 현재는 많은 선생님이 학생을 징계 절차에 넘기기보다 가능한 한 본인 선에서 지도해 보려고 애를 쓰다가 아동학대 신고를 당하거나 감정적 번아웃이 오는 결과를 맞이하고 있다. 그보다는 정식 징계 절차를 밟는 것이 더 낫고, 징계 절차에는 학생과 보호자의 의견 진술권, 재심 청구권 등 학생의 인권을 보호하기 위한 장치들이 마련되어 있다. 따라서 적법한 생활지도 방법으로 개선되지 않는 학생의 경우에는 학교의 징계 절차를 적극 활용할 필요가 있다. 그리고 이와 같이 법령과 학칙에 근거한 생활지도의 경우에는 아동학대로 보지 않는다는 규정이 서이초 사건 이후 신설되었다(「초·중등교육법」 제20조의2 제2항).

징계 절차는 학교 현장에서 선도위원회, 생활교육위원회 등을 의미한다. 한 가지 유념해야 하는 점은 징계에는 교장, 교감, 업무 담당 교사 등 여러 사람들이 관여를 하기 때문에 징계를 요청한 선생님이 예상한 결과가 나올 수도 있지만 그렇지 않을 수도 있다는 것이다. 징계를 요청한 선생님이 학생의 잘못에 대해 객관적인 사실 중심으로 분명히 진술하고 적절한 처벌을 요청할 필요는 있지만, 그 결과에 대한 권한을 가지지는 않는다. 적절하게 요청을 했으면 선생님의 할 일을 다 한 것이며, 여러 위원들이 논의해서 나온 결과가 선생님 혼자 생각한 것보다 더 합리적일 수도 있음을 받아들일 필요도 있다.

그렇지만 선생님이 이와 같이 법령에 따라 생활지도를 했다고 해도 여전히 아동학대 신고를 당할 위험성은 존재한다. 선생님을 무분별한 아동학대 신고로부터 보호하기 위해서는 「아동복지법」 개정이 필요하다. 크게 문제가 되는 법 조항은 다음과 같다.

아동복지법

제17조(금지행위) 누구든지 다음 각 호의 어느 하나에 해당하는 행위를 하여서는 아니 된다.

5. 아동의 정신건강 및 발달에 해를 끼치는 정서적 학대행위

판례(춘천지방법원 강릉지원 2018노252)를 보면 '정서적 학대'의 개념은 지나치게 포괄적이다. 첫째, '정서적 학대'란 아동의 정신건강 및 발달에 해를 끼쳤다는 증거가 있을 경우뿐만 아니라, 그러한 결과를 초래할 위험 또는 가능성이 있는 경우도 포함된다. 둘째, '정서적 학대'는 반드시 아동에 대한 정서적 학대의 목적이나 의도가 있어야만 인정되는 것은 아니고 자기의 행위로 아동의 정신건강 및 발달을 저해하는 결과가 발생할 위험 또는 가능성이 있음을 어렴풋이 알면서 행한 경우도 포함된다. 그런데 교사의 생활지도는 대부분 학생이 잘못을 해서 그것을 지적하고 혼을 내는 과정이며, 이 과정에서 학생의 기분이 상할 가능성이 크다. 이러한 상황에서 해당 법 조항은 교사가 어떻게 하면 정서적 학대를 피할 수 있는지 명확하게 알려주지 못한다.

그런데 현재 학교에서 교사가 학생에게 행하는 폭력은 '아동학대', 학생이 학생에게 행하는 폭력은 '학교폭력', 학생이 교사에게 행하는 폭력은 '교권침해'로 규정되고 있다. 「학교폭력예방 및 대책에 관한 법률」(이하 「학교폭력법」)과 「교원의 지위 향상 및 교육활동 보호를 위한 특별법」(이하 「교원지위법」)을 보면 폭력 행위가 무엇인지 「아동복지법」에 비해 명확하다.

학교폭력예방 및 대책에 관한 법률

제2조(정의) 이 법에서 사용하는 용어의 정의는 다음 각 호와 같다.

  1. "학교폭력"이란 학교 내외에서 학생을 대상으로 발생한 상해, 폭행, 감금, 협박, 약취·유인, 명예훼손·모욕, 공갈, 강요·강제적인 심부름 및 성폭력, 따돌림, 사이버폭력 등에 의하여 신체·정신 또는 재산상의 피해를 수반하는 행위를 말한다.

교원의 지위 향상 및 교육활동 보호를 위한 특별법

제19조(교육활동 침해행위) 이 법에서 "교육활동 침해행위"란 고등학교 이하 각 급학교에 소속된 학생 또는 그 보호자 등이 교육활동 중인 교원에 대하여 다음 각 호의 어느 하나에 해당하는 행위를 하는 것을 말한다.

1. 다음 각 목의 어느 하나에 해당하는 범죄 행위

   가. 「형법」 제2편제8장(공무방해에 관한 죄), 제11장(무고의 죄), 제25장(상해와 폭행의 죄), 제30장(협박의 죄), 제33장(명예에 관한 죄), 제314조(업무방해) 또는 제42장(손괴의 죄)에 해당하는 범죄 행위

   나. 「성폭력범죄의 처벌 등에 관한 특례법」 제2조제1항에 따른 성폭력 범죄 행위

   다. 「정보통신망 이용촉진 및 정보보호 등에 관한 법률」 제44조의7제1항에 따른 불법정보 유통 행위

   라. 그 밖에 다른 법률에서 형사처벌 대상으로 규정한 범죄 행위로서 교원의 교육활동을 침해하는 행위

2. 교원의 교육활동을 부당하게 간섭하거나 제한하는 행위로서 다음 각 목의 어느 하나에 해당하는 행위

   가. 목적이 정당하지 아니한 민원을 반복적으로 제기하는 행위

   나. 교원의 법적 의무가 아닌 일을 지속적으로 강요하는 행위

   다. 그 밖에 교육부장관이 정하여 고시하는 행위

따라서 「아동복지법」의 금지 행위를 '신체적 학대', '정서적 학대'와 같은 모호한 용어가 아니라, '상해', '폭행', '모욕', '명예훼손' 등 보다 명확한 법률 용어로 대체할 것을 제안한다. 그래야 교사의 입장에서 어떻게 해야 아동학대를 피할 수 있는지가 명확해질 것이다.

이 장에서 적용된 법률 조항

아동복지법

제17조(금지행위) 누구든지 다음 각 호의 어느 하나에 해당하는 행위를 하여서는 아니 된다.

3. 아동의 신체에 손상을 주거나 신체의 건강 및 발달을 해치는 신체적 학대행위

5. 아동의 정신건강 및 발달에 해를 끼치는 정서적 학대행위

제71조(벌칙) ① 제17조를 위반한 자는 다음 각 호의 구분에 따라 처벌한다.

2. 제3호부터 제8호까지의 규정에 해당하는 행위를 한 자는 5년 이하의 징역 또는 5천만원 이하의 벌금에 처한다.

제29조의3(아동관련기관의 취업제한 등) ① 법원은 아동학대관련범죄로 형 또는 치료감호를 선고하는 경우에는 판결로 그 형 또는 치료감호의 전부 또는 일부의 집행을 종료하거나 집행이 유예·면제된 날부터 일정기간(이하 "취업제한기간"이라 한다) 동안 다음 각 호에 따른 시설 또는 기관(이하 "아동관련기관"이라 한다)을 운영하거나 아동관련기관에 취업 또는 사실상 노무를 제공할 수 없도록 하는 명령(이하 "취업제한명령"이라 한다)을 아동학대관련범죄 사건의 판결과 동시에 선고하여야 한다. 다만, 재범의 위험성이 현저히 낮은 경우나 그 밖에 취업을 제한하여서는 아니 되는 특별한 사정이 있다고 판단하는 경우에는 그러하지 아니하다.

아동학대범죄의 처벌 등에 관한 특례법

제7조(아동복지시설의 종사자 등에 대한 가중처벌) 제10조제2항 각 호에 따른 아동학대 신고의무자가 보호하는 아동에 대하여 아동학대범죄를 범한 때에는 그 죄에 정한 형의 2분의 1까지 가중한다.

제10조(아동학대범죄 신고의무와 절차) ② 다음 각 호의 어느 하나에 해당하는 사람이 직무를 수행하면서 아동학대범죄를 알게 된 경우나 그 의심이 있는

경우에는 시·도, 시·군·구 또는 수사기관에 즉시 신고하여야 한다.

20.「초·중등교육법」제2조에 따른 학교의 장과 그 종사자

형법

제20조(정당행위) 법령에 의한 행위 또는 업무로 인한 행위 기타 사회상규에 위배되지 아니하는 행위는 벌하지 아니한다.

제34조(간접정범, 특수한 교사, 방조에 대한 형의 가중) ① 어느 행위로 인하여 처벌되지 아니하는 자 또는 과실범으로 처벌되는 자를 교사 또는 방조하여 범죄행위의 결과를 발생하게 한 자는 교사 또는 방조의 예에 의하여 처벌한다.

제51조(양형의 조건) 형을 정함에 있어서는 다음 사항을 참작하여야 한다.

1. 범인의 연령, 성행, 지능과 환경

2. 피해자에 대한 관계

3. 범행의 동기, 수단과 결과

4. 범행 후의 정황

제59조(선고유예의 요건) ① 1년 이하의 징역이나 금고, 자격정지 또는 벌금의 형을 선고할 경우에 제51조의 사항을 고려하여 뉘우치는 정상이 뚜렷할 때에는 그 형의 선고를 유예할 수 있다. 다만, 자격정지 이상의 형을 받은 전과가 있는 사람에 대해서는 예외로 한다.

제60조(선고유예의 효과) 형의 선고유예를 받은 날로부터 2년을 경과한 때에는 면소된 것으로 간주한다.

제61조(선고유예의 실효) ① 형의 선고유예를 받은 자가 유예기간 중 자격정지 이상의 형에 처한 판결이 확정되거나 자격정지 이상의 형에 처한 전과가 발견된 때에는 유예한 형을 선고한다.

제62조(집행유예의 요건) ① 3년 이하의 징역이나 금고 또는 500만원 이하의 벌금의 형을 선고할 경우에 제51조의 사항을 참작하여 그 정상에 참작할 만한 사유가 있는 때에는 1년 이상 5년 이하의 기간 형의 집행을 유예할

수 있다. 다만, 금고 이상의 형을 선고한 판결이 확정된 때부터 그 집행을 종료하거나 면제된 후 3년까지의 기간에 범한 죄에 대하여 형을 선고하는 경우에는 그러하지 아니하다.

제307조(명예훼손) ① 공연히 사실을 적시하여 사람의 명예를 훼손한 자는 2년 이하의 징역이나 금고 또는 500만원 이하의 벌금에 처한다.

형사소송법

제307조(증거재판주의) ② 범죄사실의 인정은 합리적인 의심이 없는 정도의 증명에 이르러야 한다.

개인정보 보호법

제15조(개인정보의 수집·이용) ① 개인정보처리자는 다음 각 호의 어느 하나에 해당하는 경우에는 개인정보를 수집할 수 있으며 그 수집 목적의 범위에서 이용할 수 있다.

　3. 공공기관이 법령 등에서 정하는 소관 업무의 수행을 위하여 불가피한 경우

제18조(개인정보의 목적 외 이용·제공 제한) ① 개인정보처리자는 개인정보를 제15조제1항에 따른 범위를 초과하여 이용 … 하여서는 아니 된다.

제71조(벌칙) 다음 각 호의 어느 하나에 해당하는 자는 5년 이하의 징역 또는 5천만원 이하의 벌금에 처한다.

　2. 제18조제1항 … 을 위반하여 개인정보를 이용하거나 제3자에게 제공한 자 및 그 사정을 알면서도 영리 또는 부정한 목적으로 개인정보를 제공받은 자

01 학생 볼을 잡아당기고 뺨을 때린 행위

🔨 사실관계

① 2010년에 ○○초등학교 4학년 담임교사였던 A는 2010년 3월경, 4학년 □반 교실에서 학생 B(9세)가 학년 첫날부터 교과서를 가져오지 않았다는 이유로 B의 양쪽 귀를 잡고 수회 흔들었다.

② 또한 교사 A는 2010년 5~6월경, 학생 B(10세)가 숙제를 해오지 않았다는 이유로 B의 양쪽 볼을 잡고 머리를 A의 무릎 사이에 끼운 후 소고채로 뒷목 부분을 수회 때렸다.

③ 또한 교사 A는 2010년 6~7월경, 학생 B(10세)가 장난을 친다는 이유로 B의 양쪽 볼을 잡고 흔들며 책상 밑으로 집어넣은 후 발로 수회 밟았다.

④ 또한 교사 A는 2010년 7월경, 학생 B(10세)가 숙제를 잃어버려 다시 받으러 왔다는 이유로 B의 양쪽 볼을 잡아당기고 뺨을 수회 때렸다.

⑤ 또한 교사 A는 2010년 8월경, 학생 B(10세)가 인상을 찌푸리고 칠판을 쳐다본다는 이유로 B의 양쪽 볼을 잡아당기고 뺨을 수회 때렸다.

⑥ 또한 교사 A는 2011년 가을경, 학생 B를 방과후수업에서 또 만났는데, 학생 B(10세 내지 11세)가 문제에 틀리게 답했다는 이유로 양쪽 볼을 잡아당기고 뺨을 수회 때렸다.

🔨 법원의 판결

| 제1심 | • 의정부지방법원 2017고단203
• 유죄. 징역 8개월. |
| 제2심 | • 의정부지방법원 2017노1206
• 유죄. 징역 8개월. 집행유예 2년. |

🔨 판결 이유

1심

교사 A는 교육 목적의 체벌을 넘어 어린 학생인 B에게 가학적인 행위를 반복했으므로 상습범으로 가중처벌의 대상이 된다. 또한 B는 판결이 이루어진 당시 고1이었는데 그때까지도 심리적 고통을 겪고 있었고, A가 피해 회복을 위한 진지한 노력을 하지 않았으며, B의 어머니가 A에 대한 엄벌을 호소하고 있고, A는 B 이외의 다른 학생들에게도 유사한 신체적 학대를 한 것으로 보이기 때문에 실형 선고를 하지 않을 수 없다. 다만 A가 정년으로 교직을 떠나 재범의 우려는 없으므로 징역 8개월 형을 선고한다.

(A는 형량이 너무 무겁다고, 검사는 형량이 너무 가볍다고 둘 다 항소를 했다.)

2심

학생 B의 연령, 폭행의 동기, 폭행의 양상과 반복성 등에 비추어 볼 때 교사 A의 죄질이 무겁지만, 교사 A가 범행을 자백하고 있고, 벌금형이 넘는 범죄 전력이 없으며, 2심 전에 학생 B의 어머니와 합의하여 학생 B의 어머니가 교사 A의 처벌을 원하지 않고 있는 점을 참작하여 집행유예 2년을 선고한다.

🔨 교사의 교육활동에 주는 함의

학생이 교과서를 가져오지 않고, 숙제를 해 오지 않거나 잃어버리고, 수업 시간에 장난을 치는 등의 일은 정말 흔하게 일어나면서 교사의 수업을 어렵게 하는 행위이다. 하지만 그렇다고 해서 교사가 학생의 뺨을 때리고 발로 밟는 행위는 체벌이 금지되기 이전에도 도가 지나친 행위로 인식되었을 것이다. 판결문에는 교사 A의 행위가 '가학적'이라고 언급하고 있다. 교사가 생활지도를 하면서 학생에게 가학적이라고 판단될 수 있는 행위는 절대 하지 말아야 할 것이다. 이 경우 교사가 적법하게 할 수 있는 생활지도는 언어적 지도, 성찰하는 글쓰기, 교실 내외로의 분리 정도이다.

02 비행학생이라는 편견을 갖고 학생을 소외시킨 행위

사실관계

① 2013년 ○○초등학교의 인성생활부장이 당시 4학년 3반 담임교사였던 교사 A에게 학생 B가 6학년생을 험담하는 내용의 카카오톡을 중학생에게 보내 6학년생이 중학생으로부터 협박을 당했다는 이야기를 했다. 따라서 교사 A는 학생 B가 학교폭력 사건에 가담한 것으로 생각하고 2013년 4월 29일경, 4학년 3반 학생들이 있는 앞에서 "B, 5학년 3반 선생님이 부르신다. 가봐라. 으이고, 너 어쩔래! 큰일 났다. 네가 불리한 상황이다." 라고 말했다.

② 교사 A는 2013년 5월 초순경, 4학년 3반 교실에서 학생 B가 친구의 돈을 빼앗은 것으로 의심하여 4학년 3반 학생들에게 종이를 나눠주며 "B에게 단돈 100원이라도 빌려주고 돌려받지 못한 사실이 있으면 모두 적어 내라."고 말했다. 그러자 4학년 3반 학생 중 1명이 "B에게 700원을 빌려주고 받지 못했다."라고 적어냈고, 교사 A는 같은 반 친구들이 보는 앞에서 "B가 나쁜 짓을 했으니까 5월 말까지 한 달 동안 반성 기간이다."라고 말했다. 학생 B는 억울함을 호소했으나, 교사 A는 "시끄러워. 너의 짓이 분명하다. 네 말은 듣기 싫어. 지금부터 책상에 엎드려 고개를 들지 마라."고 말했고, 학생 B에게 교실 제일 뒷자리에 혼자 약 2~3주 동안 앉게 하였다.

③ 교사 A는 2013년 5월 중순경, 같은 반 학생인 C의 어머니에게 전화하여 "B가 나쁜 짓을 하고 다니니까 C가 따라 한다. 같이 놀지 못하게 해라."는 말을 했다. 또한 교사 A는 비슷한 시기에 4학년 3반 교실에서 6학년생 등 학생 20여 명을 차례로 불러 "B와는 놀지 마라. 투명인간 취급해라. 상대도 하지 마라."고 말했고, 학생 B에게도 "B, 너 투명인간 취급받으니 어

때? 무시당하는 기분이 어때?"라고 말했다. 또한 교사 A는 비슷한 시기에 4학년 3반 교실에서 학생 B가 같은 반 친구 일부에게 친하게 지내자는 내용의 편지를 전달하는 것을 보고 "B에게 편지 받은 사람 손들어 봐. 친구로 얼마나 오래가는지 보자."라고 말하면서 학생들로부터 편지를 회수한 후, 학생 B로 하여금 위 편지를 찢게 하였다.

④ 교사 A는 2013년 5월 중순경, 학생 B가 화장실에 가려고 하자 다른 학생에게 B를 감시시키는 등 B에게 반복적으로 불편감과 불안감을 주었다.

⚖ 법원의 판결

| 제1심 | • 부산지방법원 동부지원 2014고단941 |
| | • 유죄. 벌금 200만 원. |

| 제2심 | • 부산지방법원 2015노3120 |
| | • 유죄. 벌금 200만 원. |

⚖ 판결 이유

1심

교사 A의 행위는 정서적 학대행위이다. 교사 A는 각 행위가 학생에 대한 지도, 훈육 차원에서 행해진 정당행위임을 주장하고 있으나, 현행법상 징계 외의 방법으로는 훈육, 훈계만이 허용되어 있다. 특히 학생에게 정신적 고통을 가하는 언행은 교육상 불가피한 경우, 다른 교육적 수단으로는 교정이 불가능하였던 경우로서 그 방법과 정도에서 사회통념상 용인될 수 있을 만한 객관적 타당성을 갖추었던 경우에만 법령에 의한 정당행위로 볼 수 있다. 그러나 교사 A의 행위는 사회통념상 객관적 타당성을 잃은 지도행위이며, 그 이유는 다음과 같다.

① 교사 A는 학생 B의 비행행위 여부나 그 내용, 정도 등에 관하여 제대로 알지 못한 상태에서 B와 같은 반 학생들이 있는 자리에서 B의 비행행위를 단정하는 취지의 발언을 했고, 이는 B에게 심대한 정신적 고통을 주었으며, 이를 훈육, 훈계의 목적으로 이루어진 것이라 보기 어렵다.

② 같은 반 학생 1명이 학생 B에게 700원을 돌려받지 못했다고 적어냈다고 해도 자초지종을 확인해보지도 않은 채 B가 돈을 갈취한 것으로 단정하고 여러 학생들이 있는 자리에서 B가 비행행위를 하였다는 발언을 한 것은 학생 B에게 견디기 힘든 모욕감을 주는 행위이며, 어떠한 교육적 효과가 있다고 보기 어렵다.

③ 교사 A가 학생 B의 친구 어머니에게 전화하여 분명한 근거 없이 B를 악행을 저지르는 학생으로 단정하고 그 친구로 하여금 B와 어울리지 못하도록 말한 것은 B에게 극심한 정서적 소외감을 야기했고, 교육상 필요성을 찾을 수 없다. 또한 교사 A가 평소 학생 B와 어울리는 학생들에게 B를 투명인간 취급하고 어울리지도 말라고 말하고서 B에게 무시당하는 느낌을 묻는 것은 B를 조롱하는 행위이다. 더불어 학생 B와 같은 반 친구들이 서로 주고받는 편지를 확인하고서 그 친구들에게 "친구로 얼마나 오래 가는지 보자."라고 말하고 B로 하여금 위 편지를 찢게 하는 행위는 교사 A의 평소 감정에서 비롯된 행위라고 보일 뿐, 어떠한 훈육이나 훈계의 목적이 있었다고 보이지 않는다.

④ 교사 A가 학생 B와 같은 반 학생으로 하여금 화장실에 가려는 B를 감시하도록 한 행위는 감수성이 발달하는 연령의 여학생에게 수치심을 불러일으킬 수 있고, 다른 학생들에게 교사 A가 학생 B를 잠재적인 비행학생으로 다루는 것으로 비쳐 B가 교육적 의미 없는 정신적 고통을 입었으리라 보인다. 교사 A는 개인의 감정을 앞세워서 학생 B에게 극심한 정신적

고통을 줄 수 있는 발언과 행동을 계속하여 왔으며, 이는 B에게 지워지지 않는 마음의 상처로 남게 되었다. 다만 교사 A는 형사처벌을 받은 전력이 없고, 30년 이상 초등학교 교사로서 주어진 역할을 수행하여 온 점, A의 지인들이 A에 대한 선처를 탄원하고 있는 점 등을 참작하여 벌금 200만 원 형을 선고한다.

(교사 A는 정서적 학대가 아니며 형량이 너무 무겁다고, 검사는 형량이 너무 가볍다고 항소를 했다.)

2심

교사 A는 공소사실 기재와 같은 행위를 한 적이 없다고 주장하고 있으나, 학생 B와 B의 어머니, B의 할아버지 등 진술의 신빙성이 인정된다. 그리고 교사 A의 이 사건 행위들은 변명의 여지가 없는 정서적 학대행위이다. 1심 판결의 잘못이 없으므로 교사 A와 검사의 항소를 모두 기각한다.

✍ 교사의 교육활동에 주는 함의

교사 A는 학생 B가 그 사실을 부인하고 있고 충분한 근거가 없는데도 B를 학교폭력 가해 학생으로 단정지었던 것으로 보인다. 학교폭력 사안이 발생했을 때, 가해 학생으로 지목된 상당수의 학생은 일단 처음에 자신의 혐의를 부인한다. 그 문제를 해결하려는 교사는 수많은 거짓말 속에서 진실을 찾아내는 경찰과 같은 역할을 수행하는 경우가 많다. 그렇지만 교사에게는 법적으로 수사권이 없으며, 판사와 같이 어떤 사안에 대해 판결을 내릴 권한도 없다. 따라서 교사는 정황상 특정 학생이 가해 학생일 것으로 예상된다고 해도 진실이 완전히 밝혀지기 전까지는 말을 아껴야 한다. 교사에게는 사건의 진실이 명확한 상황에서 어떤 학생에게 잘못이 있음이 분명할 때 그 학생을 언어적으로 지도할 생활지도권이 있을 뿐이다. 학생들 간에 갈등이 발생했는데 양쪽의 이야기를 모두 들어보아도 판단을 내릴 수 없는 복잡한 사안이라면 이는 교사 개인이 해결해야 할 사안이 아니라 학교폭력대책심의위원회가 해결해야 할 사안이다. 교사들은 작은 일을 키우게 될까봐 그렇게 하지 않으려고 하지만, 큰 사안이 아니라면 학교장 자체 해결로 종결될 것이다. 또한 교사는 어떤 학생이 큰 잘못을 했다고 해도 그 학생을 악(惡)으로 규정하고 다른 학생들과 격리하려는 행위는 하지 말아야 한다. 현실에서는 아무리 작아 보일지라도 그 학생의 변화 가능성이 있기 때문이다.

그런데 이 판례는 특이하게도 교사의 역할에 대한 훈계로 가득 차 있다. 그 내용을 인용하면 다음과 같다.

1심

"선생은 영원한 영향력을 안겨주는 사람이다. 그 자신도 그의 영향력이 어디쯤 가서 멈출 것인지 전혀 짐작할 수 없다."는 교육학자이자 역사학자인 헨리 아담스의 말은 교사의 영향력과 그 역할의 중요성을 여실히 나타낸다. 아이들이 자아와 인격을 형성하는 데에 교사가 미치는 영향이 지대한 만큼 교사는 자신의 행동이 아이들에게 미칠 영향에 대해서 숙고하여야 한다. 교사가 개인의 감정을 여과 없이 표출하여 아이들을 대할 경우에는 아이들의 정서적 발달에 큰 지장을 줄 수 있음을 늘 염두에 두어야 한다.

2심

어린이에 대한 교사와 부모 등 어른의 영향력은 절대적이다. 모든 아이들은 어른의 거울이다. 그 거울에 비친 어른은 어린이에 대하여 무한한 책임감을 느껴야 한다. 특히 그 어른이 어린이의 초등학교 담임교사라면 두말할 나위가 없을 것이다. 심리학자인 아들러도 "현재 우리 사회는 모든 부모들에게 연락을 취하여 그들이 자녀들에게 과오를 범하지 않도록 도울 만한 형편이 못된다. 하지만 우리는 교사를 통해 모든 아이들과 접촉할 수 있다는 희망을 갖고 있다. 이렇게 해서 우리는 이미 저질러진 잘못을 개선하고 아이들로 하여금 자립심이 강하고 용기 있으며 협동적인 사람이 되도록 훈련시킬 수 있다. 교사의 직분은 어머니와 똑같이 인류의 장래와 교육을 책임지는 것이다(What Life Should Mean to You)."라고 말했다. 한편, 아동기의 지속적이고 심각한 정서적 학대를 잘 극복하지 못하고 감정이 강력하게 억압된 채 성인이 되었을 때에 중대한 신체적 질병(자가 면역질환 등)을 유발할 수 있다는 점은 여러 의료적 사례로 증명되고 있다. 그리하여 교육은, 교육자의 길은 실로 무섭고 두려운 것이라 하지 않을 수 없다.

물론 판사는 "어린 학생에 대한 교사의 영향력이 크기 때문에 교사는 학생에게 정서적 학대를 하지 않도록 항상 조심해야 한다."는 취지로 이 내용을 판결문에 삽입했을 것이다. 그러나 이 내용을 교사들의 잇따른 자살로 교권 침해가 이슈가 된 현재에 비추어본다면 교사에게 과도하게 학생에 대한 책임을 지우는 사회적 인식을 반영한 것이라 해석할 수 있다. 현재 많은 학부모들이 이러한 인식을 바탕으로 자신의 자녀가 바람직하지 않은 행동을 하면 그 책임을 교사에게 돌리는 경우가 많다. 예를 들어, 아이가 지각을 자주 하면 선생님이 무섭지 않아서 그런 것이라고 말한다. 아이가 학교에서 폭력을 행사하면 선생님이 왜 예방을 하지 못했냐고 말한다. 아이들이 교사의 영향을 많이 받는 것은 사실이지만, 그게 100%는 아니다. 인격적으로 훌륭한 교사가 담임을 맡아도 그 반에는 비행 청소년이 있을 수 있다. 훌륭한 부모 밑에서 훌륭한 자녀가 길러질 가능성이 높지만, 교사 생활을 하다 보면 그렇지 않은 경우도 보게 된다. 그리고 궁극적으로 인간은 자기 자신의 행위에 대해서밖에 책임질 수 없다. 학생의 잘못된 행위와 교사의 지도 방법 간의 인과관계가 명백하다면 교사가 지도 방법을 바꿔야 할 것이지만, 그렇지 않은데도 막연히 학생의 잘못된 행위를 교사의 책임으로 돌리는 것은 교사에 대한 폭력이라는 사회적 인식의 확산이 필요하다고 생각한다.

03 흡연 학생을 소변검사하고 간접체벌을 한 행위

🔨 사실관계

① 2014년 ○○중학교의 학생부장이자 체육교사였던 교사 A는 2014년 3월 중순경, 작년부터 흡연으로 인한 다수의 주민신고로 문제가 되어 선도위원회가 개최되곤 했던 학생 B, C에 대하여 키트에 의한 소변검사를 받게 했다. 그리고 둘 다 양성이 나왔다는 이유로 두 학생으로 하여금 약 3일간 수업에 들어가지 못하게 했고, 휴일을 제외한 약 2주간 (1) 쉬는 시간, 점심 시간마다 교무실에서 무릎 꿇고 손들고 있게 하거나 책상에 양발을 올리고 양손을 바닥에 짚은 상태로 엎드려뻗쳐를 하게 하고, (2) 13:20경부터 1시간 동안 체육관에서 오리걸음을 하게 하고, (3) 방과 후 시간에 약 5바퀴(1바퀴당 400m)씩 운동장을 뛰게 했다. 그 후 학생 B, C는 2014년 4월 26일(토)에 오토바이를 무면허로 운전하고 벽을 들이받는 사고를 냈다.

② 학생 B, C는 2014년 5월 13일에 2학년 빈 교실에서 담배를 피우다 적발되었고, 5월 20일 선도위원회 교내봉사 5일 처분을 받았다. 교사 A는 2014년 5월 21일(수)부터 선도위원회 결정에 의한 교내봉사를 집행하면서 학생 B, C에 대하여 매주 월요일마다 소변검사를 하기로 했고 총 10회 실시했다. 그때마다 학생 B, C 모두 양성이 나왔고, 교사 A는 두 학생으로 하여금 쉬는 시간마다 교무실에서 무릎 꿇고 손들고 있게 하거나, 실내 체육관에서 1시간 오리걸음을 시키거나, 운동장을 5바퀴가량 뛰게 하였다.

③ 교사 A는 2014년 7월 30일부터 8월 1일까지 3일간, 여름방학 중이어서 학생들이 등교할 의무가 없었음에도 7월 28일 소변검사에서 양성 반응

이 나왔다는 이유로 학생 B, C로 하여금 (1) 오전 8시 30분까지 등교하게 하여 운동장을 10바퀴 뛰게 하고, (2) 오전 9시 30분부터 오후 12시까지 교내 청소를 하게 했으며, (3) 실내 체육관에서 1시간 오리걸음을 시키고, (4) 1바퀴당 1분 45초 내에 운동장을 수회 뛰게 했으며, (5) 오후 3시경부터 체력운동(윗몸일으키기, 팔굽혀펴기)을 시켰다. 그 후 학생 B는 2014년 8월경, 친했던 다른 학생들과 싸웠고 폭행을 당했다는 진술서를 작성했다. 이후 2014년 9월 초순경부터 학생 B는 C와 잘 어울리지 않게 되었다.

④ 교사 A는 2014년 9월 11일 소변검사에서 양성 반응이 나왔다는 이유로 학생 B, C로 하여금 쉬는 시간마다 교무실에서 무릎 꿇고 손 들고 있게 했고, 운동장을 5바퀴 뛰게 했다. 학생 B는 이와 같은 벌을 받고 귀가한 후, 2014년 9월 12일 아침경, 학교에 가지 않은 채 집에서 유서를 남긴 뒤 자살했다. 그 구체적인 내용은 다음과 같다.

아빠에게

아빠 그동안 저를 키워주셔서 감사합니다.

제가 편지를 쓰게 된 이유는 학교 다니기가 힘들고 체육 선생님이 저를 심하게 괴롭히는 것처럼 벌 주고 욕하고 그래서 이렇게 편지를 쓰고 떠나려고요.

그동안 이 못난 저를 지금까지 키워주셔서 감사합니다.

그만 이제 저는 떠날게요.

제가 없어도 행복하게 사셔야 돼요.

동생 많이 사랑해주세요.

2014년 9월 12일

B가

⚖ 법원의 판결

제1심
- 춘천지방법원 강릉지원 2015고단412
- 유죄. 징역 8개월. 집행유예 2년.

제2심
- 춘천지방법원 강릉지원 2017노406
- 유죄. 선고유예.

제3심
- 대법원 2018도17859
- 유죄. 선고유예.

⚖ 판결 이유

1심

교사 A는 학생부 책임교사로서 학생 B, C의 계속된 흡연에 대하여 교육 목적으로 흡연 지도를 한 것이라고 주장하지만, A의 행위는 선도위원회에서 결의된 징계 내용을 초과하거나 선도위원회의 결의 없이 이루어진 것이며 학생 B, C는 신체적인 고통이나 노력이 수반되는 벌을 전제로 소변검사를 장기간 받아야 했다. 학생 B, C는 쉬는 시간마다 교무실에서 벌을 받음으로써 잠시의 휴식도 갖지 못한 상태로 학교생활을 했고, 그로 인해 학생 본연의 임무인 수업에 막대한 지장이 초래될 수밖에 없었을 것이다. 이와 같이 학생 B, C는 공부를 하러 학교에 가는 것이 아니라 징계를 받으러 학교에 가는 상황이 장기간 유지됨으로써 신체적, 정서적으로 극심한 고통을 받는 상태에 있었다고 평가되고, 위와 같은 교사 A의 행위는 교사의 교육 목적상의 지도·감독권의 범위를 현저히 이탈하여 사회통념상 허용되는 한도를 벗어난 신체적, 정서적 학대행위에 해당하며, 이것이 학생 B가 자살을 하게 된 동기 중 하나로 작용하였음이 명백하다. 그러나 교사 A의 징계지도에 직접적인 폭력행위가 포함되어 있지 않은 점, 주관적인 것이기는 하나 교사 A의 행위가 학생들을 바르게 지도하기 위한 동기에서 이루어진 점, 교사 A가 흡연이나 비행 등으로 징계지도를 받은 일부 학생들을 제외하면 다른 대부분의 학생들이나 동료 교사들로부터 존경을 받고 좋은 평판을 쌓으며 성실히 교직 생활을 해온 점, 학생 B의 자살 당시의 가정환경, 교우관계 및 다른 교사들과의 관계 등을 고려해보면 B의 자살 동기가 전적으로 A의 징계지도로 인한 것이라고 단정하기는 어려운 정황이 존재하는 점 등을 참작하여 징역 8개월 형을 선고한다.

(교사 A는 자신의 행위가 학생들의 신체적, 정신적 발달을 해치는 학대행위가 아니며 형량이 너무 무겁다고, 검사는 1심에서 무죄 선고받은 행위들이 학대행위이며 형량이 너무 가볍다고 항소를 했다.)

2심

교사 A의 행위 중 학생들로 하여금 소변검사를 받게 한 행위는 정당행위로 판단하며, 그 이유는 다음과 같다. 학생 B, C는 담배를 소지하고 등교하여 발각되거나, 집에서 흡연을 하여 아파트 주민들이 학교에 제보를 하거나, 교내에서 흡연한 사실이 목격되거나, 교사들과 상담하던 도중 담배냄새가 나는 등 지속적으로 흡연으로 인한 문제가 제기되어 왔다. 위와 같이 학생 B, C의 흡연사실이 의심되는 상황에서 소변검사는 흡연여부를 확인할 수 있는 효율적인 수단이고, 소변검사 외에 학생들의 흡연여부를 확인할 수 있는 방법은 사실상 없었다. 또한 소변검사를 통한 흡연여부 확인과 그에 따른 지도로 청소년들의 흡연 확산 방지 및 건강보건 증진이라는 목적 달성이 기대되는 점을 고려하면 교사 A가 학생 B, C를 대상으로 소변검사를 받게 하였던 것은 사회통념상 허용되는 것으로서 정당행위의 요건을 갖추었다고 보인다. 그러나 무릎 꿇고 손들기, 엎드려뻗쳐 등은 그 자체로 학생 B, C에게 신체에 부담이 가는 행위이고 학생 B, C가 쉬는 시간마다 휴식을 취하지 못하고 지속적으로 벌을 받았던 점, 달리기가 궁극적으로는 체력과 정신력을 증진시키는 결과를 가져온다 하더라도 그로 인해 학생들이 육체적, 정신적 고통을 겪을 것이 명백하고 학생들이 이 활동을 원한 것도 아니었던 점 등을 고려하면 이에 해당하는 교사 A의 행위는 학대행위로 판단해야 한다. 이와 같은 교사 A의 징계지도가 사회통념상 허용되는 범위를 넘어선 측면이 있으나, 근본적으로 학생들의 흡연방지라는 교육적 목적에 기반한 것으로 보이고 교사 A가 학생들을 악의적으로 괴롭히기 위하여 또는 개인적인 화풀이 차원에서 행위를 하였다고 보이지는 않는다. 또한 학생 B의 아버지 등은 교사 A와 강원도를 상대로 손해배상소송을 제기하였는데, 교사 A는 위 소송에서 인정된 손해배상금 약 2,000여 만 원을 공탁하였다. 또한 동료 교사들뿐 아니라 교사 A로부터 지도를 받은 학생들까지도 교사 A에 대한 선처를 탄원하고 있는 점에 비추어보면, 교사 A는 교사로서 사명감을 가지고 학생들을 지도해왔던 것으로 보인다. 또한 교사 A는 아무런 형사처벌도 받은 전력이 없는 초범이기도 하다. 따라서 교사 A에 대한 형의 선고를 유예한다.

(교사 A와 검사는 모두 상고했다.)

3심

2심 판결에 잘못이 없으므로 상고를 모두 기각한다.

🔨 교사의 교육활동에 주는 함의

학생인권조례 제정 등으로 학교에서 체벌이 금지되기 전까지는 대부분의 학교에 위와 같은 학생부장의 악역을 담당하는 교사가 최소 1명은 있었다. 그러한 교사는 어떤 학생이 잘못된 행동을 했을 때 일벌백계(一罰百戒)

함으로써 학생들 사이에 공포심을 조성했고 그로 인해 학생들의 일탈행위가 줄어드는 효과가 있었다. 그래서 해당 교사는 동료 교사들로부터 감사와 인정을 받았다. 학생들을 체벌하면서도 그들의 마음을 얻는 것은 쉽지 않은 일이다. 그런데 위 판례의 교사 A는 그 어려운 것을 해냈던 것으로 보인다. 동료 교사뿐만 아니라 대부분의 학생들이 교사 A를 존경했고 일부 학생들은 법원에 탄원서를 제출했다. 이 판례는 이제 학교에서 학생들을 '때려서라도 사람 만들겠다.'고 애쓰는 교사는 존재할 수 없는 시대임을 보여준다.

　학생 B, C는 이 사건이 일어나기 전 해부터 흡연뿐만 아니라 폭행, 오토바이 무면허 운전 등으로 선도위원회가 열리곤 했던 학생들이었고, 흡연의 정도도 다수 주민신고가 들어왔을 뿐만 아니라 학교 내 교실에서 흡연을 했다(현재 학교는 금연구역으로, 교사도 교내에서 흡연을 하면 10만 원 이하의 과태료 처분을 받는다). 교사 A의 입장에서는 이 학생들의 비행을 멈추게 해야 했고, 다른 학생들도 이 학생들의 영향을 받아 흡연을 하지 않을까 우려했을 것이다. 그렇지만 법원은 교사 A의 간접체벌을 신체적 학대로 판단했다. 반면 흡연학생에 대한 소변검사는 2심에서 정당행위로 인정받았다. 흡연으로 인한 선도위원회 처분이 교내봉사로 나왔다면 교사 A는 학생 B, C가 교내봉사를 하도록 지도하는 것까지만 해야 했다. 그리고 학교 주변 편의점 사장님께 학생 B, C가 담배를 구입하지 못하도록 협조를 구할 수도 있다. 오늘날 흡연 학생에 대해 교사가 적법하게 할 수 있는 생활지도는 그 정도이다.

04 단체기합을 주고 오르골을 던진 행위

⚖ 사실관계

① 2019년 ○○초등학교 1학년 6반 담임교사였던 A는 2019년 4월 26일
   경, 1학년 6반 교실에서 담임반 학생들 23명이 핸드폰 전원을 끄라는 지
   시에 따르지 않는 등 제대로 통제가 되지 않는다는 이유로 '어깨동무해
   서 앉았다 일어서기'를 수십 회 하도록 했다. 또한 교사 A는 2019년 4월
   29일경, 1학년 6반 교실에서 위 학생들에게 조용히 하지 않는다는 이유
   로 바닥에 '엎드려뻗쳐'를 수 분 동안 시켰다. 이후 교사 A는 ○○초등학
   교장과 면담을 했고 교장은 교사 A에게 체벌하지 말라고 지도했다.

② 또한 교사 A는 4월 말경에 1학년 6반 교실에서 자신이 오르골 악기를 들
   면 학생들 모두 머리에 손을 올리고 눈을 감도록 지시하였으나 학생 B가
   따라하지 않자, 큰소리로 고함을 지르며 교실 문을 향해 오르골을 집어
   던져 파손시켰다. 그리고 일과 후 B만 혼자 남게 하여 파손된 오르골을
   치우게 했다.

③ 또한 교사 A는 비슷한 시기에 담임반 학생들 중 15명을 수업 시간 중에
   복도로 내쫓은 후 교실 문을 닫아 나머지 학생들과 차단시키고 수업을
   받지 못하게 했다. 또한 교사 A는 비슷한 시기에 담임반 학생들에게 수
   시로 고함을 지르며 '새끼야', '바보새끼', '씨'라는 욕설을 했다.

④ 그리고 2019년 5월 3일 오전 8시 50분경, 학생 C가 화장실을 사용하면
   서 새치기를 하여 학생 D와 말다툼을 하자, 학생 C, D 모두 복도 바닥에
   '엎드려뻗쳐'를 5분 동안 하게 하였다. 교사 A는 이 사건에 대해 학생 C
   가 교감을 발로 차고 서로 몸싸움을 하는 등 통제 불능이고 극도의 흥분
   상태에 있어 이를 말리기 위해 이와 같은 행위를 했다고 진술하였으나,

교사 A의 진술 외에 다른 증거는 없다.

⑤ 이후 일부 학생들은 부모에게 자신이 벌 받았다는 말을 했다는 것을 교사 A에게 알리면 안 된다, 교사 A가 오르골을 던졌을 때 무서웠다, 앉았다 일어서기, 엎드려뻗쳐 체벌을 받고 허벅지가 아프다, 학교에 가기 싫다, 교사 A의 단체체벌 등으로 무섭고 기분이 안 좋았으며 많이 힘들었다고 호소하였다. 따라서 일부 학부모들은 교장, 교감에게 교사 A가 무서우니 1학년 6반 담임 교체를 해달라고 민원을 제기했고, 교감은 교사 A에게 재차 체벌하지 말 것을 지도했으나 교사 A는 교감에게 "교사의 지도 재량을 침범하지 말라."고 말했다.

⑥ 이후 교사 A는 교감에게 민원을 제기한 학부모를 찾아내고자 병설유치원 명부를 열람, 촬영하고 해당 학생의 동생을 찾아다녔다. 또한 클래스팅에 '유치원 학부모 명단을 확보해서 민원을 제기한 학부모를 확인할 계획이고, 민원인을 밝히기 위해 연휴 4일간 가정방문을 실시하겠다. 민원인에게는 교권침해, 유언비어 유포, 명예훼손, 다른 학생들의 수업권 침해로 경찰 및 변호사가 찾아갈 것이며, 이 글을 교장에게 알릴 경우 죄만 불어나게 될 것이고, 민원 제기한 학부모는 책임을 지게 될 것이다. 교사는 살인을 저질러도 수업 중이면 경찰이 연행하지 못한다는 것 정도는 알고 민원을 제기한 것인가.'라는 글을 올렸다.

⑦ 이후 교장은 교사 A에게 2019년 5월 7일부터 1학년 6반 담임에서 배제됨을 통지하였다. 2019년 5월 7일, 1학년 6반 교실에서 교사 A의 담임 배제와 관련하여 교사 A와 교장, 교감 사이에 논쟁이 있었고, 같은 날 1학년 6반 학부모 중 다수가 교사 A를 담임에서 계속 배제할 것과 학생들의 심리 안정을 위한 조치를 취해줄 것을 학교 측에 요청하였다.

법원의 판결

제1심
- 대구지방법원 김천지원 2019고단1707
- 유죄. 벌금 900만 원. 아동관련기관 취업제한 3년.

제2심
- 대구지방법원 2020노2853
- 유죄. 벌금 900만 원. 아동관련기관 취업제한 3년.

판결 이유

1심

교사 A는 반 전체 학생을 대상으로 어깨동무를 하고 앉았다 일어서기, 엎드려뻗쳐 등 이른바 단체 기합을 실시하였고, 이는 아동의 신체에 손상을 주거나 신체의 건강 및 발달을 해치는 가혹행위에 해당한다. 또한 학생 B가 있는 자리에서 물건을 던져 파손시키고 B만 혼자 남게 하여 이를 치우게 한 행위, 다수의 학급 학생들에게 큰소리를 내며 욕설을 한 행위는 아동에게 공포와 모욕감을 주는 것으로서 아동의 정신건강 또는 복지를 해치는 정신적 가혹행위에 해당한다. 그러나 교사 A가 학급 학생 중 일부를 복도로 내보내 줄을 서 있게 하고 교실 문을 닫은 행위는 정서적 학대행위가 아니다. 해당 학생들이 복도에 서 있었던 시간이 길지 않고, 그 사이 교실에서는 자습이 이루어졌을 뿐 교사 A가 적극적으로 수업을 진행하지는 않았던 것으로 보이며, 해당 학생들이 복도에 서 있는 외 다른 신체적 또는 정서적 부담이 있는 행동을 하게 된 것은 아니기 때문이다. 학부모 대부분이 교사 A가 다시 담임교사로 복귀해서는 안 된다는 의사를 밝히고 있는 점, 그러나 학부모 중 절반 정도는 교사 A에 대한 처벌까지는 바라지 않는다는 의사를 표하고 있는 점, 교사 A가 이 사건 이후 자신의 학대행위를 지적하는 교장, 교감 및 학부모를 상대로 공무집행방해, 무고 등으로 고소하는 등 범행 이후의 정황이 좋지 않은 점, 교사 A가 2019년 4월 11일경부터 조울증 등으로 치료 중에 있었던 점, 교사 A가 이 사건 이후에도 경범죄처벌법위반 혐의, 특수상해 혐의에 대하여 기소유예처분을 받은 전력이 있다는 점 등을 고려하여 벌금 900만 원, 아동관련기관 취업제한 3년을 선고한다.

(교사 A는 자신의 행위가 훈육이지 아동학대가 아니고 형량이 너무 무겁다고, 검사는 학생들을 복도로 내보낸 행위가 정서적 학대이며 형량이 너무 가볍다고 항소했다.)

2심

교사 A는 초등학교에 막 입학한 7세 남짓의 어린 아동들에게 단체 기합을 줌으로써 아동들이 신체적, 정서적 고통을 호소하였고, 경북서부아동보호전문기관은 교사 A의 행위가 신체적 가혹행위에 해당한다는 의견을 제출하였다. 또한 교사 A의 행위는 학칙에서 정한 훈육, 훈계의 단계를 넘어선 것이었고, 교사 A는 체벌이 문제되자 학부모들에게 체벌을 하게 된 경위와 필요성, 교육적 목적 등에 관하여 설명하고 이해를 구한 것이 아니라 민원을 제기한 학부모들에게 보복을 암시하는 행동을 했다. 따라서 교사 A의 행위는 아동학대 행위에 해당한다. 그러나 교사 A가 학생들을 복도로 내보낸 행위에 대해서는 학생들이 잘 기억하지 못하고 있고, 경북서부아동보호전문기관도 이 행위에 대해서는 판단을 하지 않았다. 따라서 교사 A와 검사의 항소를 모두 기각한다.

🔨 교사의 교육활동에 주는 함의

이 판례는 조울증으로 정신과 치료를 받고 있던 교사가 담임반 학생들에게 단체 기합을 주고 물건을 던지며 욕설을 하는 등 폭력을 행사했던 사건을 보여준다. 2019년은 교사의 체벌 금지 이후로도 한참 지난 시기라 이러한 교사의 행동은 매우 이례적이었으므로 교장, 교감 등 관리자도 적극적으로 말렸으나 그래도 교사 A가 이를 따르지 않자 담임 배제 조치까지 취한 것으로 보인다.

이 판례에 따르면 학급 학생들이 전체적으로 통제되지 않는 느낌이 들 때, 이를 이유로 단체 기합을 주는 것은 아동에 대한 신체적 학대에 해당한다. 또한 교사가 아무리 화가 나더라도 물건을 던지거나 폭언을 하는 등의 행위는 정서적 학대에 해당한다. 학급 학생들이 교사의 지시에 잘 따르지 않을 때는 먼저 학생들이 고의로 그러는 것인지 아니면 지시 사항을 잘 파악하지 못해서 그러는 것인지를 확인해야 한다. 그리고 학생들이 고의로 교사의 지시를 어길 경우에는 적절한 생활지도가 필요하겠지만, 다소 느린 학생이라 지시 사항을 빠르게 이행하지 못하는 것이라고 판단이 되면 조금 기다려 줘야 한다.

그런데 교사 A가 담임반 학생 중 일부를 복도로 내보낸 행위에 대해서는 정서적 학대가 적용되지 않았다. 복도에 서 있는 시간이 길지 않았고, 학생들이 잘 기억하지 못했기 때문이다. 그러나 유치원에서 매우 더운 날 장시간 아동을 복도에 내보낸 사건에 대해서는 유죄 판결이 나왔다(대구지방법원 2018고단1137). 2023년 9월에 발표된 「교원의 학생생활지도에 관한 고시」 제12조 제6항 제3호를 보면 교육활동을 방해하는 학생은 수업 시간 중 교실 밖 지정된 장소로 분리할 수 있다. 두 판례를 종합해 보면 수업 방해 학생을 복도로 내보낼 수는 있으나 분리 시간과 날씨 등을 고려해야 하고, 그보다는 학교 차원에서 지도할 어른이 있는 장소를 마련하고 그곳으로 분리하는 것이 적합하다.

05 학생에게 욕설을 한 행위

🔨 사실관계

① 2016년 ○○초등학교의 영어전담교사였던 A는 2016년 12월경, 영어교실에서 5학년 학생 B에게 별다른 이유 없이 "저 새끼는 정말!", "저 자식은 어떻게 가정 교육을 받았길래!", "저 개새끼는 정말!", "저 새끼 어머니는 저 새끼 공부 못하고 다니는 것 아실지" 등의 말을 큰 소리로 했다. 또한 같은 학년 학생 C가 평소 교실에서 장난을 많이 친다는 이유로 등을 손바닥으로 세게 때렸다.

② 또한 교사 A는 2017년 3월 중순~5월 중순까지 영어교실에서 6학년 학생 C가 수업 중 책을 떨어뜨렸다는 이유로 "씹할 개새끼"라고 욕설을 했다. 그리고 학생 D가 철로 된 필통을 사용하여 시끄러운 소리가 난다는 이유로 "니 엄마도 너 이러고 다니는 거 아냐?"고 하고, 동급생의 떨어진 연필을 주워주었다는 이유로 D를 교실 밖으로 쫓아냈다. 또한 학생 E가 전치사 'on'의 사용법에 대한 질문을 한다는 이유로 "이 돌대가리 새끼! 싸가지야 나가!"라고 하며 E를 교실 밖으로 쫓아내고, 학생 F의 샤프가 망가져 샤프 속심이 칠판 밑으로 떨어졌다는 이유로 샤프 속심을 F를 향해 던지고 욕설을 했다. 이외에도 불특정 다수의 6학년 학생들을 상대로 욕설을 하거나 짜증을 냈다. 또한 학생 C가 수업 시간 중 마이크로 노래하며 장난을 친 것을 학생 D가 하였다고 오해하고, D의 등을 손바닥으로 세게 때렸으며, 학생 E가 자신의 말을 따라 하였다는 이유로 E의 등을 손바닥으로 때렸다.

⚖ 법원의 판결

제1심
- 춘천지방법원 강릉지원 2017고단1244
- 유죄. 벌금 300만 원(신체적 학대 부분은 무죄).

제2심
- 춘천지방법원 강릉지원 2018노252
- 유죄. 벌금 150만 원. 아동관련기관 취업제한 1년.

⚖ 판결 이유

1심

교사 A의 정서적 학대행위는 인정하고, 신체적 학대행위는 인정하지 않는다. 교사 A가 학생들이 장난을 쳤거나 장난을 친 것으로 오해하여 등을 손바닥으로 세게 때린 것은 지도하는 아동에 대한 훈계가 필요한 상황에서 일회적으로 이루어졌으며, 학생들이 특별히 상처를 입거나 병원 치료를 받지는 않은 것으로 보인다. 따라서 교사 A의 행위가 학생들의 신체에 손상을 주었다거나 신체의 건강 및 발달을 해치는 정도에 이르렀다고 인정하기는 부족하다.

(교사 A는 정서적 학대가 아니며 형량이 너무 무겁다고, 검사는 신체적 학대가 맞고 형량이 너무 가볍다고 항소를 했다.)

2심

1심과 동일하게 교사 A의 정서적 학대행위는 인정하고, 신체적 학대행위는 인정하지 않는다. 또한 교사 A의 행위로 인한 피해가 심하지 않고, 학생들의 수업 태도가 좋지 않았으며, 교사 A가 초범인 점을 참작하여 형량을 벌금 150만 원으로 줄인다. 또한 아동관련기관 취업제한 1년을 추가한다. 교사 A의 행위가 정서적 학대행위인 이유는 다음과 같다.

① A는 대부분 혼잣말로 욕설을 한 것일 뿐이라고 주장하지만 피해 학생들의 진술이 일관되고 구체적이며, 피해 학생들뿐만 아니라 교사 A의 수업을 들은 대부분의 6학년 학생들이 피해 학생들의 진술과 부합하는 자필 진술서를 작성했고, 학생들의 담임교사도 "학생들이 A의 영어수업 시간 이후 울면서 교실로 돌아온 적이 있고, A가 영어수업 시간에 짜증을 내고 욕설을 하여 영어수업을 듣기 싫다고 말하였다."고 증언했다.

② 교사 A의 욕설 행위의 기간, 횟수, 내용과 경위를 고려하면 그 주된 목적이 학생들을 인격적으로 비난하는 데에 있었을 뿐, 수업을 정상적으로 진행하거나 학생들을 훈육하는 데에 있었다고 보이지 않는다. 즉 교사 A는 자신의 욕설 행위가 학생들의 정신건강과 발달을 해칠 위험이 있음을 인식하였다고 보아야 한다. 학생들의 수업 태도가 불량하고 교사 A에 대한 존중이 부족했던 것으로 보이나, 그렇다고 해서 교사 A의 욕설 행위가 정당화될 수는 없다.

또한 교사 A의 신체적 학대행위를 인정하지 않는 이유를 1심의 이유에 추가하여 제시하면 다음과 같다.

① 피해 학생들은 별다른 신체적, 정신적 장애가 없는 초등학교 5, 6학년의 남자아이들이나, 교사 A는 비교적 왜소한 체구의 여성이다.

② 피해 학생들이 교사 A로부터 등을 맞은 후 울음을 터뜨리는 등의 반응도 없어 신체적, 정신적 충격을 받았다고 보기 어렵다.

③ 일부 피해 학생의 학부모 역시 교사 A의 행위가 정당한 훈육의 범위에 포함된다고 판단하여 피해 진술을 하지 않았다.

🔨 교사의 교육활동에 주는 함의

체벌 금지 이후의 교사에 의한 아동학대는 욕설의 형태로 많이 나타났다. 이 판례의 교실 상황은 비교적 왜소한 체구의 여자 선생님이 장난이 심한 초등학교 5, 6학년 남자아이들을 데리고 수업을 해야 했던 상황으로 보인다. 아마 교사 A는 상당히 힘들었을 것이다. 그러다가 언젠가부터 불특정 다수의 학생에게 욕설을 남발하기 시작했고, 학생들 입장에서는 그 이유를 납득하기도 어려웠다. 교사 A의 욕설로 인해 울면서 돌아오는 학생도 있었다. 교사 A는 처음에는 체벌을 할 수 없는 상황에서 장난이 심한 남자아이들과의 기싸움에서 이기기 위해 욕설을 했을 수 있다. 그러다가 점점 욕설이 일상화되면서 수업 진행이나 훈육과 같은 교육적 목적은 희미해지고 그저 자신의 부정적인 감정을 쏟아내고 학생들을 비난하는 행위가 되어 버렸을 수 있다. 판결문에서는 학생들의 수업 태도가 불량했고 교사에 대한 존중이 부족했음을 인정하지만 그것으로 인해 교사의 욕설 행위가 정당화될 수 없다고 언급하고 있다. 따라서 교사는 아무리 학생들의 태도가 좋지 않다고 해도 최대한 욕설을 자제해야 한다. 지금은 학생에 대한 교사의 욕설은 아동학대, 교사에 대한 학생의 욕설은 교권침해, 학생에 대한 학생의 욕설은 학교폭력으로 법적 처벌을 받을 수 있는 시대이다. 대신 수업 시간에 장난을 치며 수업을 방해하는 학생은 「생활지도 고시」에 따라 적법하게 분리 조치를 할 수 있고, 그래도 개선이 안 될 경우 교장이 가정학습을 하도록 할 수 있으며, 이러한 지시에 따르지 않을 경우 징계 절차에 회부할 수도 있다.

그런데 교사 A는 학생들에게 욕설뿐만 아니라 '등짝 스매싱'도 했는데, 이는 신체적 학대로 인정되지 않았다. 일회적이고 학생들에게 상해를 입히지 않는 '등짝 스매싱' 정도는 법원도 신체적 학대로 보지 않은 것이다.

또한 2심 판결문은 '정서적 학대행위'의 법적 판단 기준을 상세히 설명하고 있는데, 그 내용을 인용하면 다음과 같다.

 '정서적 학대행위'란 현실적으로 아동의 정신건강과 정상적인 발달을 저해한 경우뿐만 아니라 그러한 결과를 초래할 위험 또는 가능성이 발생한 경우도 포함되며, 반드시 아동에 대한 정서적 학대의 목적이나 의도가 있어야만 인정되는 것은 아니고 자기의 행위로 아동의 정신건강 및 발달을 저해하는 결과가 발생할 위험 또는 가능성이 있음을 미필적으로 인식하면 충분하다. 초·중등교육법령에 따르면 교사는 학교장의 위임을 받아 교육상 필요하다고 인정할 때에는 징계할 수 있고 징계를 하지 않는 경우에는 그 밖의 방법으로 지도할 수 있는데 그 지도에 있어서는 교육상 불가피한 경우에만 신체적 고통을 가하는 방법인 이른바 체벌로 할 수 있고 그 외의 경우에는 훈육, 훈계의 방법만이 허용되어 있는바, 교사가 학생을 징계 아닌 방법으로 지도하는 경우에도 징계하는 경우와 마찬가지로 교육상의 필요가 있어야 될 뿐만 아니라 특히 학생에게 신체적, 정신적 고통을 가하는 체벌, 비하하는 말 등의 언행은 교육상 불가피한 때에만 허용되는 것이어서, 학생에 대한 폭행, 욕설에 해당되는 지도 행위는 학생의 잘못된 언행을 교정하려는 목적에서 나온 것이었으며 다른 교육적 수단으로는 교정할 수 없었던 경우로서 그 방법과 정도에서 사회 통념상 용인될 수 있을 만한 객관적 타당성을 갖추었던 경우에만 법령에 의한 정당행위로 볼 수 있을 것이고, 교정의 목적에서 나온 지도행위가 아니어서 학생에게 체벌, 훈계 등의 교육적 의미를 알리지도 않은 채 지도교사의 성격 또는 감정에서 비롯된 지도 행위라든가, 다른 사람이 없는 곳에서 개별적으로 훈계, 훈육의 방법으로 지도·교정될 수 있는 상황이었음에도 낯모르는 사람들이 있는 데서 공개적으로 학생에게 체벌·모욕을 가하는 지도 행위라든가, 학생의 신체나 정신건강에 위험한 물건 또는 지도교사의 신체를 이용하여 학생의 신체 중 부상의 위험성이 있는 부위를 때리거나

학생의 성별, 연령, 개인적 사정에서 견디기 어려운 모욕감을 주어 방법·정도
가 지나치게 된 지도행위 등은 특별한 사정이 없는 한 사회 통념상 객관적 타당
성을 갖추었다고 보기 어렵다.

이 내용을 보면 '정서적 학대행위'의 개념이 너무 포괄적임을 확인할 수
있다. ① '정서적 학대'란 아동의 정신건강과 정상적인 발달을 실제로 저해
한 경우뿐만 아니라 그러한 결과를 초래할 위험 또는 가능성이 발생한 경우
도 포함된다. 또한 ② 반드시 아동에 대한 정서적 학대의 목적이나 의도가
있어야만 인정되는 것은 아니고 자기의 행위로 아동의 정신건강 및 발달을
저해하는 결과가 발생할 위험 또는 가능성이 있음을 어렴풋이 알면서도 행
한 경우도 포함된다. 교사의 입장에서 신체적 학대를 하지 않기 위해서는 학
생들과의 신체 접촉을 최대한 조심하면 된다. 그러나 정서적 학대를 하지 않
기 위해서는 어떻게 해야 하는지가 불분명하다. 따라서 정서적 학대의 포괄
성으로 인해 너무나 많은 교사들이 고통을 겪고 있기 때문에 이 부분은 꼭
개정될 필요가 있다.

본 판례에서는 언어적 지도 외의 생활지도가 법령에 의한 정당행위가 될
수 있는 요건을 다음과 같이 제시하고 있다.

① 학생의 잘못된 언행을 교정하려는 목적에서 나온 것이어야 한다.
② 다른 교육적 수단으로는 교정할 수 없었던 경우여야 한다.
③ 그 방법과 정도에서 사회통념상 용인될 수 있을 만한 객관적 타당성을 갖
   추어야 한다.

그렇지만 '사회통념'이라는 것도 굉장히 모호한 개념이기 때문에 결국 교사가 생활지도를 할 때 아동학대의 혐의로부터 안전하기 위해서는 「생활지도 고시」나 학칙에 제시된 방법만 사용해야 한다.

또한 본 판례에서는 다음과 같은 행위를 사실상 교사의 아동학대 행위로 규정하고 있다.

① 학생에게 교육적 의미를 설명하지 않고 교사의 성격이나 감정에서 비롯된 지도 행위
② 낯모르는 사람들이 있는 데서 공개적으로 학생을 체벌 및 모욕하는 지도 행위
③ 학생의 신체 중 부상의 위험성이 있는 부위를 때리거나 학생의 성별, 연령, 개인적 사정에서 견디기 어려운 모욕감을 주는 지도 행위

그런데 ②번과 같은 경우 조금 더 생각해야 할 부분이 있는데, 교사의 생활지도는 대부분 학급에서 다른 학생들과 함께 있는 가운데 이루어지며, 잘못을 한 학생의 행동은 그것을 보고 들은 다른 학생들에게도 영향을 준다. 학생이 공개적으로 수업을 방해하거나 특정 학생 또는 교사를 모욕하는 등 폭력을 저지를 경우, 이를 막기 위한 교사의 생활지도도 공개적으로 이루어질 수밖에 없다. 이러한 경우에도 교사의 생활지도가 공개적으로 이루어졌음을 이유로 아동학대로 규정한다면 교사의 생활지도는 매우 위축될 것이며 그 결과가 정의롭지도 못할 것이다. 따라서 '낯모르는 사람들이 있는 데서'라는 단서 조항이 강조되어야 한다.

06 아동학대 신고 이후 해당 학생을 추궁한 행위

⚖_ 사실관계

① 2016년에 교사 A와 교사 B는 ○○초등학교 소속 교사로, A는 3~6학년 음악미술 교과전담교사, B는 6학년 담임교사이면서 교원능력평가 담당자였다. 교사 A는 2016년 3월경, 교과전담 교실에서 4학년 학생인 C(9세), D(9세), E(9세), F(10세) 등에게 수업을 하던 중 이들의 행동이 마음에 들지 않는다는 이유로 "이 새끼야, 개새끼야, 나가 놀다가 쳐 죽어라", "이 음치새끼야", "뛰어다니면 미친놈이다"라고 큰소리로 욕을 했고, 꿈을 이야기하는 학생 E에게 "너는 절대 꿈을 이룰 수 없어."라고 말했으며, 위 학생들에게 "우리 학교에서 1등을 해도 다른 학교에서는 아무것도 아니다. ○○초등학교는 공부를 못한다. 아예 비교가 안 된다."라고 말했다. 교사 A의 행위에 대해 누군가가 아동학대로 신고했고, 교사 A는 수사를 받게 되었다.

② 교사 A는 2016년 4월경, 교과전담 교실에서 학생 E에게 "너희 엄마에게 말하여 신고한 것이냐?"라고 물었다. 또한 4월 또 다른 날에 학생 C, D, E, F에게 "내가 수업 시간에 너희들에게 '나가 쳐 죽어라'는 말을 진짜로 했냐?"라고 물었다. 또한 교사 A는 2016년 5월경, 한 교실에서 학생 C, E 등에게 자신이 학생들에게 욕설이나 부적절한 언행을 한 적이 있는지에 대해 질문하고 학생들이 대답하는 모습을 휴대전화로 촬영했다. 그리고 2016년 6월경, 학생 C, E에게 한 번 더 동일한 행위를 했고, 학생 D, F와 친한 친구인 G, H에게 동일한 행위를 했다.

③ 교사 A는 2016년 9월 6일경, 교과전담 교실에서 학생 D, F 등 20명의 학생들에게 눈을 감으라고 한 뒤 "나는 결백하고 잘못한 것이 없는데 엄마

들이 나를 고소해서 내가 지금 힘들고, 나도 너희 엄마들을 고소할 수 있지만 유치하게 하고 싶지 않아서 참고 있는 거다. 다른 반 선생님은 때려도 엄마들이 가만히 있는데 너희 엄마들만 나한테 이렇게 한다. D랑 F 너희 엄마는 잘못해도 야단치지도 않고 그러지?"라고 말했다. 또한 교사 A는 2016년 9월 12일경, 교과전담 교실에서 학생 F 등 20명의 학생들에게 눈을 감으라고 한 뒤 "너희들은 천벌을 받을 거다. 너희들에게 복수할 거다. 특히 나 신고한 애들은 천 배 만 배로 갚아 주겠다."라고 말했다. 또한 교사 A는 2016년 9월 13일경, 교과전담 교실에서 수업 종료 후 학생 D, F만을 교실에 남게 한 다음 "너희 부모님이 선생님을 고소하라고 그렇게 교육시켰냐. 내가 뭐라고 했는데 신고했냐. 말해봐라. '나가서 꺼져 죽어라'는 말을 내가 언제 했냐. 니네 엄마들이 야단치면 너희 엄마들도 고소해라."라고 말했다.

④ 교사 B는 2016년 3월경, 6학년 교실에서 담임반 학생인 I, J, K, L이 애국조회 시간에 장난을 치고 떠들었다는 이유로 화가 나 들고 있던 서류를 바닥에 던지면서 "니네 나한테 오늘 뒈져 봐라"고 말하고 I, J, K, L의 머리를 각 1~2회 때렸다. 그리고 교사 B는 2016년 6월경, 6학년 교실에서 수업 시간에 학생 I, J가 장난을 쳤다는 이유로 두 학생을 교실 앞으로 불러 엎드리게 한 후, 학생 J 옆에서 학생 I의 어깨를 발로 밀고 손바닥으로 뒤통수를 1회 때렸다.

⑤ 교사 A는 교원능력평가에서 최하점수를 받아 의무교육을 이수하게 되자, 평가담당자인 교사 B에게 불만을 품게 되었다. 교사 A는 교사 B의 담임반 학생인 I 등을 불러 그들로 하여금 교사 B로부터 폭행을 당했던 상황에 대하여 설명하면서 재연하게 하고 그 모습을 휴대전화로 촬영했다. 그리고 교사 A는 이전에 부임했던 학교의 학부모 10명(이들은 교사 A를

위해 법원에 탄원서를 제출했음)이 있는 단체 채팅방에 위 동영상 4개를 게시하였다.

🔨 법원의 판결

제1심
- 광주지방법원 2017고단5894
  A: 유죄. 징역 10개월, 집행유예 2년.
  B: 유죄. 징역 4개월, 집행유예 1년.

제2심
- 광주지방법원 2019노1111
  A: 유죄. 벌금 1,000만 원.
  B: 유죄. 벌금 500만 원.
  (정서적 학대 부분은 무죄)

🔨 판결 이유

1심

교사 A는 자신의 잘못된 언행을 지적하는 아이들의 상처받은 마음을 헤아려 아이들과의 문제를 해결하려는 노력은 도외시한 채, 자신의 억울함만을 주장하며 지속적으로 아이들을 추궁하는 등 단기간에 반복적으로 정서적 학대행위를 했다. 또한 교사 B의 잘못과 관련된 동영상을 학부모들의 단체 채팅방에 게시함으로써 교사 B의 명예를 훼손하였다. 또한 피해 학생들과 부모들로부터 용서받지도 못했다. 따라서 징역 10개월, 집행유예 2년을 선고한다. 교사 B는 담임반 학생들을 대상으로 신체적 학대를 했고, 그 장면을 다른 학생으로 하여금 목격하게 함으로써 정서적 학대를 했다. 그러나 교사 B는 자신의 잘못을 인정하고 반성하고 있고, 피해 학생들과 그 부모들이 교사 B를 용서하여 선처를 바라고 있다. 따라서 징역 4개월, 집행유예 1년을 선고한다.

(교사 A, B는 학대가 아니며 형량이 너무 무겁다고, 검사는 교사 A의 형량이 너무 가볍다고 항소를 했다.)

2심

교사 A는 학생들에게 욕설을 한 적이 없고 학생들의 의사에 반하여 동영상을 촬영한 사실도 없다고 항변했으나, 학생들의 진술이 일관되고 구체적이어서 믿을 수 있는 것으로 보인다. 또한 두 교사 모두 훈육의 의도였음을 주장하고 있으나, 교사 A의 경우에는 사건의 경위 및 그 내용, 횟수, 당시 학생들의 반응 등을 고려하면 자신의 행위로 인해 학생들의 정신건강 및 발달을 저해하는 결과가 발생할 가능성을 미필적으로나마 인식하였다고 볼 수 있고 교사 B의 경우 언어적 지도나 좀 더 가벼운 신체적 접촉 등 학생들의 신체에 더 적은 영향을 미치는 방법을 사용했어야 했다. 그러나 교사 B의 정서적 학대 혐의에 대해서는 재고해야 하는데, 1심 재판부는 교사 B가 학생 J 옆에서 학생 I의 어깨를 발로 밀고 손바닥으로 뒤통수를 1회 때렸다는 이유로 학생 J에 대한 정서적 학대를 인정하였다. 그러나 ① 학생 J는 이 사건 당시 12세의 초등학교 6학년 학생으로서 학생 J의 체벌 장면을 목격한 사실 자체만으로 정신건강과 정상적인 발달이 저해될 만큼 어린 나이가 아니라는 점, ② 학생 J는 수사기관에서 교사 B의 체벌에 대해 대수롭지 않다는 태도로 진술함으로써 심각한 공포심이나 불안감을 느끼지 않아 보이는 점, ③ 학생 J의 정서적 학대를 인정하면 해당 학급 학생 전부가 체벌 장면을 목격하였으므로 이들에 대한 정서적 학대도 성립하여 처벌범위가 지나치게 확대되는 점 등에 비추어보아 이를 정서적 학대로 판단하기 어렵다. 따라서 교사 B의 정서적 학대 부분은 무죄를 선고한다. 또한 두 교사에게 별다른 전과가 없고 그동안 나름대로 성실하게 직무를 수행해온 것으로 보이는 점, 부양할 가족이 있는 점 등을 참작하여 교사 A는 벌금 1,000만 원, 교사 B는 벌금 500만 원 형을 선고한다.

⚖️_ 교사의 교육활동에 주는 함의

판결문에 분명히 드러나지는 않지만 교사 A가 학생들의 잘못이라고 여긴 부분이 있었을 것이다. 그때 교사가 학생에게 무엇이 잘못인지, 왜 그러한지 등에 대해 명확하고 단호하게 짚어줄 필요는 있지만, 학생에 대한 욕설과 비하 발언 등은 최대한 삼가야 한다. 그리고 아동학대 신고를 당하면 교사도 인간이기에 분노와 불안 등 부정적인 감정을 느낄 수 있지만, 교사 A의 경우처럼 신고 의심 학생에 대한 추궁과 저주, 동영상 촬영 등의 행동을 하는 것은 훈육이 아니라 현행법상 정서적 학대 행위일 뿐이다. 또한 교사 B가 학생의 머리를 때리고 어깨를 발로 미는 등의 행위는 신체적 학대로 판결을 받았다. 이제는 생활지도 시 체벌은 삼가고 「생활지도 고시」에 제시된 언어적 지도 방법을 주로 사용해야 한다. 그런데 교사 B의 경우 1심에서는 신체적 학대뿐만 아니라 특정 학생을 때리는 것을 목격하게 했다고 해서 정서적 학대도 인정되었는데, 2심에서 이 정서적 학대 부분은 무죄가 나왔다. 이와 관련하여 '정서적 학대행위'의 판단 기준에 대한 해당 판결문의 설명을 인용하면 다음과 같다.

정서적 학대행위는 신체적 학대나 성적 학대처럼 피해자의 신체 등에 흔적을 남기지 않기 때문에 정서적 학대로 어느 정도의 피해를 입었는지를 객관적으로 평가하여 정량화하기 어렵고, 정서적 학대로 인한 피해는 오로지 학대를 당한 아동의 주관적인 경험에 의존할 수밖에 없고, 동일한 행위 유형이라 하더라도 당사자에게 미치는 영향은 서로 다르기 때문에 이를 범주화하여 유형화하는 것이 쉽지 않다. 정서적 학대는 위와 같이 그 개념이 모호하고 판단이 곤란한 반면, 아동에 대한 훈육이나 지도 과정에서 훈육·지도의 목적으로 약간의 불쾌감 내지는 두려움을 줄 수 있는 언행은 학교에서 쉽게 발생할 수 있을 것인데, 이를 무턱대고 정서적 학대행위로 적용할 경우, 교사의 부적절한 언행이 문제될 때마다 도의적인 비난이나 교내에서의 징계책임을 넘어 형사책임과 더불어 취업 제한을 통해 교사의 신분까지 박탈할 수 있게 되므로 그 적용에 있어서 매우 엄격하고 신중할 필요가 있다. 특히 이 부분 공소사실과 같이 피해 아동에게 직접적인 유형력이 동반되지 않은 경우 <u>그것이 아동에 대한 악의적·부정적 태도에서 비롯된 것으로서 가학적인 성격이 뚜렷이 드러나거나, 그 행위 자체가 사회적·윤리적 비난 가능성이 매우 높고, 그 행위가 반복적으로 이루어짐으로써 결과적으로 피해 아동의 정신건강 및 발달에 해를 끼쳤거나 해를 끼칠 위험성이 있다고 인정되어야 '정서적 학대행위'로 볼 수 있을 것이다. 단지 훈육·지도 과정에서 피해 아동에게 약간의 불쾌감이나 두려움을 주는 수준에 그치는 언행만으로는 정서적 학대행위에 해당하지 않는다.</u>

교사의 생활지도는 대부분 학생의 잘못을 지적하는 것이기 때문에, 그 과정에서 학생이 불쾌감이나 두려움 등 부정적인 감정을 느끼게 될 가능성은 매우 높다. 그런데 '정서적 학대'라는 용어는 매우 모호하여 교사가 생활지도 과정에서 학생으로 하여금 부정적인 감정을 느끼게 했다는 이유로 정서적 학대 혐의를 받기도 하기 때문에 「아동복지법」 개정이 꼭 필요한 상황이다. '정서적 학대'를 형법상 용어인 '명예훼손', '모욕' 등으로 대체하여 교사가 무엇을 하지 않으면 아동학대 혐의로부터 안전할 수 있는지가 명확해야 한다.

07 단소로 학생 머리를 때리고 머리채를 잡고 끌고 다닌 행위

🚩 사실관계

2018년에 ○○중학교 기술과목 교사였던 A는 2018년 4월 5일 오전 10시 50분경, 3학년 □반 교실에서 학생 B(15세)가 노트 필기를 하지 않은 것을 이유로 단소(플라스틱 재질, 30cm)로 B의 손바닥을 때리려고 했다. 그런데 B가 이를 거부하면서 '씨발'이라고 욕을 하자 A는 화를 참지 못하고 단소로 B의 머리를 5회가량 때리고, 의자에 앉아있는 B의 머리채를 잡고 뒤로 당겨 바닥에 넘어지게 하고, 머리채를 잡은 채 10여 분간 교실에서 끌고 다녔다. B는 약 2주간의 치료를 요하는 머리 타박상을 입었다.

🚩 법원의 판결

- 광주지방법원 순천지원 2018고단1502
- 유죄. 벌금 500만 원.

🚩 판결 이유

학생 B가 교사 A에게 불손하게 굴고 욕설을 하며 존중하는 태도를 갖지 않는 등 사제 간의 윤리를 저버린 것은 사실이다. 그러나 A는 학생을 올바로 지도하고 훈육할 의무가 있는 교사인데, 자신의 감정을 주체하지 못하고 별다른 저항을 하지 않는 B의 신체에 손상을 주는 학대행위를 했다. 이는 B의 잘잘못을 떠나 어떠한 경우에도 정당화될 수 없는 행위이다. A의 행위로 인해 B는 육체적, 정신적으로 충격을 받은 것으로 보이고, A는 아직까지 B나 그 부모의 용서를 받지 못했으며, 별다른 피해회복 조치를 하지 않았다. 다만 A가 잘못을 뉘우치고 있고 아무런 범죄 전력이 없다는 점을 고려하여 벌금 500만 원 형을 선고한다.

🚩 교사의 교육활동에 주는 함의

학생이 노트 필기를 하지 않는 등 수업 시간에 교사가 지시하는 교육활동에 참여하지 않을 경우, 현재 「생활지도 고시」상 가능한 조치는 언어적 지도나 성찰하는 글쓰기 정도이다. 상벌점제를 운영하는 학교에서는 학칙에 따라 학생에게 벌점을 부과할 수도 있을 것이다. 현행법상 체벌은 허용되지 않는다. 그리고 그 과정에서 학생이 교사에게 욕설을 했다면 교육활동 침해행위로 보아 교권보호위원회에 회부할 수 있다. 교사가 생활지도 과정에서 예의를 지키지 않는 학생을 마주할 때에는 최대한 감정적 대응을 자제하고 적법한 절차를 활용할 필요가 있다.

08 학생의 책가방을 던지고 계단까지 끌고 간 행위

🔨 사실관계

2017년에 ○○초등학교 2학년 담임교사였던 A는 2017년 10월 10일 오후 1시 30분경, 2학년 교실에서 해당 학급 학생 B가 수업 시간에 말을 듣지 않고 장난을 친다는 이유로 "너 같은 애는 이 세상에서 필요 없어. 쓸모없는 아이야. 너 같은 건 여기 없어도 돼. 이 세상에서 사라져 버려. 집으로 가버려."라고 말했고, 학생 B의 책가방과 신발가방을 복도에 집어 던졌으며, 학생 B의 목덜미와 손목을 잡고 강제로 복도에서부터 계단까지 끌고 가는 등 폭행하여 약 2주간의 치료를 요하는 등, 어깨, 팔의 타박상, 등의 인대가 늘어나는 등의 상해를 가했다.

🔨 법원의 판결

제1심	• 대전지방법원 2018고정465 • 유죄. 벌금 200만 원.
제2심	• 대전지방법원 2019노2218 • 유죄. 벌금 200만 원.

🔨 판결 이유

1심

교사 A의 행위는 신체적 학대행위에 해당한다. 비록 훈육의 의도를 가지고 있었다고 하더라도 학생에게 폭언을 하고, 학생의 책가방을 복도에 집어 던지고, 학생을 계단까지 끌고 간 교사 A의 행위가 정당화될 수는 없다. 학생 B는 이 사건으로 인해 상당한 정신적 충격을 받은 것으로 보이고, 학생 B

의 보호자는 A에 대한 엄벌을 탄원하고 있다. 다만 A가 초범으로 그 잘못을 인정하고 반성하고 있는 점, 임용 2년차 교사로서 훈육 과정에서 다소 우발적으로 행위를 한 것으로 보이는 점, 이 사건을 계기로 아동학대에 대한 인식의 변화가 있는 것으로 보이고 재범의 우려가 없어 보이는 점 등을 참작하여 벌금 200만 원 형을 선고한다.

(검사가 형량이 너무 가볍다고 항소했다.)

2심

검사가 제시한 항소이유는 1심 판결에 반영된 것으로 보아 검사의 항소를 기각한다.

📍 교사의 교육활동에 주는 함의

학생이 수업 시간에 말을 듣지 않고 장난을 쳐 수업을 방해했다면 교사는 「생활지도 고시」 및 학칙에 따라 단계적으로 분리 조치를 할 수 있다. 그리고 교실 밖으로 분리해야 할 상황이 되었는데 학생이 이를 거부하고, 1일 2회 이상 분리를 했는데도 수업 방해가 지속된다면 교장이 학부모에게 가정학습을 하게 할 수 있다. 이러한 적법 절차를 적극 활용하고, 수업 방해 학생을 강제로 끌고 가는 행위는 하지 말아야 한다. 공교육 교사에게 학생을 가려 받을 권리는 없으며, 이는 교사의 권한을 넘어선 것이다. 특히 감정에서 비롯된 우발적 행위는 아동학대 유죄 판결을 받는 경우가 많아 주의가 필요하다.

09 학생에게 사과를 강요한 행위

🔨 사실관계

　2018년에 ○○초등학교 2학년 3반 담임교사였던 교사 A는 2018년 4월 9일 오전 11시경, 2학년 3반 교실에서 학생 B(7세)가 수업 시간에 노래를 흥얼거리며 수업 분위기를 흐트러뜨렸다는 이유로 반 친구들을 향해 사과하도록 시켰다. 학생 B는 작은 목소리로 사과했다. 그러자 교사 A는 B에서 화를 내며 "큰소리로 말하라."고 했고, 그래도 B가 큰소리로 말하지 않자 "제대로 사과 안 할 거면 집으로 가라."고 말하고 B의 팔을 툭툭 치고 B의 가방을 B가 앉아 있던 자리를 향해 던졌다.

🔨 법원의 판결

　제1심
- 대구지방법원 2018고단3508
- 유죄. 벌금 200만 원.

　제2심
- 대구지방법원 2018노4069
- 유죄. 선고유예.

🔨 판결 이유

1심

　학생 B가 정서적으로 상당한 상처를 받았을 것으로 보이고, 교사 A는 학생 B나 부모로부터 용서를 받지 못했다. 그러나 교사 A가 잘못을 인정하며 반성하는 점, 학생에 대한 훈육 과정에서의 우발적 행위로 보이는 점, 처벌 전력이 없는 점 등을 참작하여 벌금 200만 원 형을 선고한다.

　(교사 A는 형량이 너무 무겁다고 항소를 했다.)

2심

교사 A가 자신의 잘못을 진지하게 반성하고 있고, 훈육 과정에서 이루어진 일이며, 초범이기 때문에 선고유예로 변경한다.

🔨 교사의 교육활동에 주는 함의

학생이 일회적으로 수업 시간에 노래를 흥얼거려 수업 분위기를 흐트러뜨렸을 경우, 학생에게 앞에 나와 노래를 부를 기회를 주는 것도 하나의 대처 방법이다. 그러면 해당 학생이 부끄러워하며 손사래를 치고 그 행위를 멈추는 경우가 많다. 학생이 노래 부르기에 자신이 있어 진짜로 나와 노래를 부를 경우, 이는 학생의 재능을 발견하는 계기가 될 수도 있다. 그러나 이와 같은 행위가 지속된다면 수업 방해 행위로 간주하여 단계적 분리 조치를 할 수 있다. 이 판례와 같이 같은 반 학생들에게 사과하기를 강요하는 행위는 정서적 학대로 인정되므로 피해야 한다.

<u>10</u> 학급 학생들에게 잘못한 학생의 등을 때리도록 한 행위

🚩_ 사실관계

  2018년에 ○○초등학교 3학년 1반 담임교사였던 A는 2018년 10월 29일 오전 9시 40분경, ○○초등학교 3학년 1반 교실에서 학생 B(9세)가 반성문을 써오지 않았다는 이유로 같은 반 학생 23명에게 순차로 B의 등을 3회씩 때리도록 지시하였고, 학생들은 그 지시에 따랐다.

🚩_ 법원의 판결

제1심	• 서울북부지방법원 2018고단5059
	• 유죄. 징역 1년. 집행유예 2년.
제2심	• 서울북부지방법원 2019노670
	• 유죄. 징역 1년. 집행유예 2년. 아동관련기관 취업제한 3년.

🚩_ 판결 이유

1심

  교사 A는 여러 문제를 일으키는 학생 B를 학교폭력위원회에 보내지 않고 자신이 자청하여 관리하면서 잘 돌봐 오다가 순간 훈육 방법을 잘못 선택한 것이라 말하고 있다. 그러나 초등학교 3학년에 불과한 학급 학생들에게 어린 B를 무방비 상태에서 때리게 하는 것은 폭행 교사행위일 뿐 훈육이 아니다. 이로 인해 교사 A는 학생 B에게 수치심과 고통을 주었을 뿐만 아니라, 학생 B를 때린 23명의 3학년 1반 학생들에게도 폭력행위가 정당화될 수 있다는 그릇된 가치관을 심어주었다. (23명의 학생들은 교사 A의 지시를 받아 폭력행위를 하였으나, 형사미성년자로 처벌받지 않는다.) 더군다나 교사 A

는 아동학대 신고의무자이므로 가중처벌된다. 다만 교사 A에게 아무런 범죄 전력이 없는 점을 참작하여 징역 1년에 집행유예 2년을 선고한다.

(A는 형량이 너무 무겁다고 항소를 했다.)

2심

교사 A는 학생 B의 평소 언행에 문제가 있었다고 항변하고 있지만, 그렇다고 해서 교사 A의 폭행 교사행위가 정당화될 수는 없으며 이러한 항변은 교사 A가 범행을 반성하지 않고 있음을 보여준다. 교사 A의 동료 교사들이 A의 선처를 탄원하고 있고, A가 이 사건 이전에는 별다른 징계 전력 없이 장기간 교사 생활을 해왔던 것으로 보이지만, 그는 아동이 신체적, 정신적으로 건강하게 성장할 수 있도록 교육하고 보호해야 하는 교사의 지위에 있으면서 학대행위를 했기 때문에 형량을 줄일 수는 없다. 오히려 2심 전에 「아동복지법」이 개정되어 교사 A에게 추가로 아동관련기관 3년 취업제한명령을 선고한다.

🏹 교사의 교육활동에 주는 함의

학생이 어떤 잘못을 해서 성찰하는 글쓰기를 하도록 지시했는데 이에 불응한다면 교사는 이를 교육활동 침해행위로 보아 교권보호위원회 조치를 요청할 수 있다. 담임반 학생이 지속해서 문제를 일으켜도 이를 징계 절차에 넘기기보다 본인 선에서 해결하려고 하는 경우가 많이 있다. 그러나 현재 교사는 해당 학생을 변화시키기 위해 어떤 방법을 써도 되는 것이 아니라, 법적으로 허용된 생활지도 방법만 사용해야 한다. 그래도 학생이 변화되지 않는다면 징계 절차에 넘기는 것만이 교사가 할 수 있는 조치이다. 그리고 이는 본인 선에서 해결하려고 하다가 이 판례와 같이 선을 넘게 되는 것보다는 훨씬 나은 선택이다.

11 학급에서 '1일 왕따 제도'를 운영한 행위

🔨 사실관계

　2015년에 ○○초등학교 1학년 3반 담임교사였던 A는 숙제를 해오지 않거나 수업 시간에 장난을 치는 등의 행위를 하는 학생에게 학급에서 '1일 왕따'로 지칭이 되는 벌칙을 운영했다. 교사 A는 2015년 3~7월 사이에 1학년 3반 교실에서 약 5명의 학생을 숙제를 해오지 않았다거나, 장난을 쳤다거나, 수업 시간에 딴짓을 했다거나, 수학 문제 풀기 또는 받아쓰기를 잘하지 못했다는 이유로 '왕따'로 지목하고, 지목된 학생으로 하여금 하교 시까지 쉬는 시간에 자리에 앉아 다른 친구들과 대화를 하거나 어울려 놀지 못하게 했다. 6월 18일경에는 3반 학생들에게 위와 같이 교실에서 왕따로 지목된 사실을 부모에게 말하지 말라, 말하면 배신자라는 취지로 말을 하기도 했다. 왕따로 지목된 학생 중에는 이로 인해 수면야경증, 불안 증상이 생긴 학생도 있었다. 또한 왕따로 지목된 학생에게 말을 걸었다는 이유로 해당 학생을 왕따로 지목하기도 했고, 그 학생은 급성 스트레스 증상이 나타났다. 그러다 2015년 7월경, 1학년 3반 학생 중 1명이 하교 후 학교에 과제물을 놓고 와서 숙제를 할 수 없게 되자 어머니가 아동에게 한 번 정도는 숙제를 하지 않아도 된다거나 다음날 학교에 일찍 가서 숙제를 하면 된다고 달랬는데 아동이 어머니에게 숙제를 하지 않으면 왕따를 당한다고 말을 하면서 교사 A의 학급에서 이루어진 '1일 왕따 제도'가 드러나게 되었다. 그러자 교사 A는 학생들에게 부모님께 왕따에 대해 이야기한 사람이 있는지 직접 확인했다.

🔨 법원의 판결

제1심
- 제주지방법원 2016고단887
- 유죄. 벌금 800만 원.

제2심
- 제주지방법원 2017노142
- 유죄. 벌금 800만 원.

🔨 판결 이유

1심

교사 A의 행위는 정서적 학대행위에 해당하며, 그 이유는 다음과 같다. ① 피해 학생들이 과제를 해오지 않거나 수업 시간에 장난을 치고 다른 행동을 한 것은 사실이나, 이는 처음 학교생활을 시작하는 초등학교 1학년 학생을 대하는 교사 A의 입장에서 충분히 예상 가능한 행동이었으며, 구두지도나 부모에게 학생들이 과제를 성실하게 하도록 가정지도를 부탁하는 방법 등으로 개선될 수 있는 경미한 행동이었다. ② 잘못된 행동을 한 학생이 단순히 쉬는 시간에 친구들과 놀지 못하고 대화를 하지 못하는 것에서 더 나아가 교사가 특정 학생을 왕따로 지목하고 다른 학생이 왕따로 지목된 학생과 대화를 하는 경우 그 학생 역시 왕따로 지목하여 똑같은 벌칙을 받게 함으로써 교사 A는 자신이 왕따로 지목한 학생을 1학년 3반 학생들이 왕따시키는 행위를 하도록 하였다. 이는 학생들에게 왕따행위를 정당화하고 왕따를 학습하는 결과를 초래하여 교육적인 면이 전혀 고려되지 않은 방법이다. ③ '1일 왕따 제도'는 왕따로 지목이 된 학생뿐만 아니라 다른 학생들에게까지 심리적, 정서적 고통을 주었다. ④ 「학교폭력법」에서 학교폭력의 하나로 '따돌림'이 포함되어 있고 왕따가 따돌림이라는 의미를 가지고 있음을 염두에 둔다면 교사 A의 행위는 사회통념상 용인될 수 있을 만한 객관적 타당성을 갖추었다고 보기 어렵다. 피해 학생의 부모들도 교사 A에 대한 엄벌을 탄원하고 있다. 그러나 교사 A는 약 30년 동안 초등학교 교사로 근무해왔고 초범인 점을 참작하여 벌금 800만 원 형을 선고한다.

(검사가 형량이 너무 가볍다고 항소했다.)

2심

1심 판결 이후 양형에 참작할 만한 사정이 변경된 것이 없어 검사의 항소를 기각한다.

⚖ 교사의 교육활동에 주는 함의

학생들이 수업 시간에 장난을 치거나 숙제를 해 오지 않는 등의 행위를 할 경우, 일단 「생활지도 고시」에 제시된 언어적 지도 방법을 사용해야 한다. 그래도 개선이 되지 않을 경우 판결문에 나온 것처럼 학부모 상담을 하여 가정지도를 부탁할 수도 있고, 수업 방해 정도가 심하다면 분리 조치를 취할 수도 있다. 이 판례에서 교사 A의 행위는 친구들을 왕따시키지 않도록 가르쳐야 할 교사가 오히려 학생들에게 왕따를 학습하게 했다는 측면에서 비교육적이기도 하다. 교사가 아동학대로 기소된 경우 특히 비교육적인 방법을 사용했다고 판단되면 형량도 높은 편이다.

12 수업 방해 학생을 '지옥탕'에 보낸 행위

🚩 사실관계

2019년에 ○○초등학교 1학년 2반 담임교사였던 교사 A는 2019년 4월 경, 1학년 2반 교실에서 학생 B(6세)가 말을 듣지 않고 학습에 방해를 준다는 이유로 B를 독립된 옆 교실(정보실)인 '지옥탕'으로 보내 수업 종료 후 쉬는 시간 중까지 약 8분간 혼자 있도록 격리했다. 교사 A는 이 사건 이외에 B를 지옥탕에 보낸 것이 글씨 쓰기를 하지 않는다는 이유로 한 번 보냈음을 진술했으나, 학생 B와 같은 학급의 다른 학생 2명은 B가 5~6회 지옥탕에 갔다고 진술했다. 이 사건에 대한 아동학대 신고 이후 교사 A는 교실에서 학생 B를 다그치면서 "어쩌려고 그러느냐. 이게 뭔 꼴이냐. 네가 그러니까 뭐라고 한 것 아니냐."라는 말을 했다. 그리고 2019년 9월 30일경, 기존에 수집하여 보관하고 있던 학부모 23명의 전화번호로 탄원서 작성을 부탁하는 문자메시지("법적 대응을 위한 조치과정에서 탄원서가 도움이 많이 된다고 합니다. 혹시 그간의 상황을 보신 그대로 탄원서를 작성해주실 수 있으신 부모님들께는 부탁 말씀 올리겠습니다.")를 전송하였다.

🚩 법원의 판결

제1심	• 청주지방법원 2020고단26
	• 유죄. 벌금 300만 원.

제2심	• 청주지방법원 2020노720
	• 유죄. 벌금 300만 원. (항소 기각)

제3심	• 대법원 2020도15426
	• 유죄. 벌금 300만 원. (상고 기각)

⚖️ 판결 이유

1심

교사 A는 학생 B를 훈육하기 위하여 '타임아웃'을 한 것이고, '지옥탕'은 1학년 2반 바로 옆의 정보실로, 동화책의 이름을 따서 별명을 붙인 것일 뿐 무서운 공간이 아니므로 정서적 학대가 아니라고 주장한다. 그러나 교사 A의 행위가 정서적 학대인 이유는 다음과 같다. ① 학생 B는 초등학교에 입학한 지 1개월 남짓된 만 6세의 아동이었다. ② '지옥탕'은 아동들에게 공포감을 불러일으킬 수 있는 명칭이고, 학생 B는 '지옥탕'에 대해서 '무섭다'는 취지로 말했으며, 같은 학급의 다른 아동들 또한 '지옥탕'은 '혼이 나는 공간', '어둡고 무섭고 캄캄한 공간'으로 표현했다. ③ 교사 A는 수업이 끝난 후에도 학생 B를 바로 교실로 데려오지 않고 일정 시간 방치했다. ④ 학생 B의 연령을 고려하면 해당 공간을 이탈하는 등 추가적인 사고가 발생할 수 있는 위험도 있었다. ⑤ ○○초등학교 학칙상 훈계·훈육의 방법으로 '격리조치'가 허용되나 이는 교실 내 격리를 의미하는 것이고, 교실 내 격리조치로도 변화가 없는 경우 교감이나 교장에게 보내 격리하거나 학부모 상담을 거쳐 징계조치를 하는 등 교사 A는 다른 방법을 사용했어야 했다. 아무도 없는 곳에 아동을 혼자 격리시키는 행위가 수업 진행 및 훈육을 위해서 불가피하였던 것으로 보이지 않는다. 또한 교사 A가 담임교사로서 수집한 학부모의 연락처는 교육 관련 목적으로 사용해야 하는데 이를 자신이 형사절차에서 유리한 처분을 받는 것을 목적으로 사용하여 개인정보 수집 목적을 초과하여 이용하였다. 그러나 교사 A의 학대 행위의 정도가 비교적 중하지 않고 수업에 방해되는 행동을 제지하려는 의도로 이루어졌다고 보이는 점을 참작하여 벌금 300만 원 형을 선고한다.

(교사 A는 학생 B를 훈육하기 위하여 '타임아웃'이라는 적절한 교육 방법을 사용

한 것으로 정서적 학대행위가 아니며, 학부모들에게 탄원서 요청 문자를 보낸 것에도 교사 A의 교권과 A가 맡은 많은 학생의 학습권이 침해되는 상황을 막기 위한 교육적 목적이 포함되어 있기 때문에 무죄를 주장하는 항소를 했다. 검사는 피해 아동이 너무 어린데 형량이 가볍다는 이유로 항소를 했다.)

2심

1심의 판결을 정당한 것으로 보아 교사 A와 검사의 항소를 모두 기각했다. (교사 A는 상고를 했다.)

3심

2심의 판결을 적법한 것으로 보아 교사 A의 상고를 기각했다.

🔨 교사의 교육활동에 주는 함의

2023년 9월에 발표된 「생활지도 고시」 제12조 제6항 제3호를 보면 이제 교육활동을 방해하는 학생은 수업 시간 중 교실 밖 지정된 장소로 분리할 수 있다. 그렇지만 이 판례에 따르면 '교실 밖 지정된 장소'가 아무도 없는 빈 교실이면 교사의 분리 행위는 정서적 학대 행위에 해당한다. 「생활지도 고시」에서 분리 장소, 시간, 학습 지원 방법 등의 세부 사항은 학칙으로 정하도록 하고 있는데, 이와 관련하여 「교원의 학생생활지도에 관한 고시 해설서」를 보면 교실 문을 열고 복도로 내보내 수업 중인 교사가 지도·감독하거나 교무실로 보내는 것을 예시로 들고 있으며(p.56) 많은 학교가 이 내용을 그대로 사용하고 있다. 문제는 해당 학생이 복도에서도 난동을 부려서 교무실로 보내면 누가 이 학생을 관리할 것인지 명확하지 않다는 것이다. 교육부는 이 결정을 학교에 미루지 말고 이와 같은 업무를 누가 담당할 것인지 결정해주어야 한다.

　물론 학칙에 따라 학생을 분리 조치하는 것이 가장 적합한 선택이겠지만, 필자는 교사로서의 경험에 비추어 볼 때 교사 A의 항소이유에 수긍이 가고, 해당 행위를 정서적 학대로 판단한 이 판결에 납득이 가지 않는다. 아무리 어린 초등학교 1학년 학생이었다고는 하나 어린이집이나 유치원에 다니는 영아나 유아가 아니고, 교사가 폭언을 한 것도 아니고 옆의 빈 교실에 약 8분간 혼자 있게 했다고 해서 그것이 해당 학생의 정신건강과 발달을 저해할 것 같지는 않기 때문이다.

13 학생 관자놀이를 누르고 문제행동을 촬영한 행위

사실관계

① 2019년 ○○초등학교 2학년 3반 담임교사였던 A는 2019년 3월경, 2학년 3반 교실에서 수업 시간에 할 일을 완료하면 칠판에 자석 스티커를 붙이기로 규칙을 정한 뒤, 이를 지키지 않은 학생들에게 '기억을 잘 하자'는 의미로 관자놀이를 누르는 행위를 해왔다. 이와 같은 이유로 교사 A는 2019년 3월경, 숙제 검사 확인용 자석 스티커를 붙이지 않았다는 이유로 학생 B(7~8세)의 관자놀이를 1회, 1~2초 정도 눌렀다. 학생 B는 아동보호센터에서 교사 A의 '관자놀이 누르기'를 수차례 재연하였는데, 주먹 정권 부분을 관자놀이에 닿게 한 뒤 세게 누르는 모습이었다. 2학년 3반 학생 중 15명이 교사 A가 자신의 관자놀이를 눌렀다고 진술했고, 그중 3명은 아팠다고 진술했으나 나머지는 별로 안 아팠다거나 아프지 않았다고 진술했다.

② 교사 A는 2019년 5월 16일경, 수업 시간에 2학년 3반 교실에서 학생 B가 수업 시간에 평소보다 매우 심하게 소란을 피우며 수업 분위기를 흐렸다는 이유로 교탁에 서서 다른 학생들이 지켜보는 가운데 휴대폰을 들어 학생 B를 향해 동영상을 촬영하는 행동을 취하며 "너희 부모님도 네가 이렇게 행동하는 것을 아느냐, 찍어서 보내겠다."고 말했다. 2학년 3반 학생들은 당시 상황에 대하여 B가 '소리를 질러서', '떠들어서', '소리 지르거나 자세가 바르지 않아서' 교사 A가 위와 같은 행동을 하게 되었다고 진술하였다. 학생 B는 촬영을 피하며 저항했는데도 교사 A가 계속하여 핸드폰을 들이밀며 동영상을 촬영했다고 진술하였으나, 교사 A는 학생 B가 찍지 말라고 하여 바로 행위를 그만두었다고 진술했다. 학생 B는 교

사 A가 관자놀이를 누르거나 동영상을 촬영하려 한 것에 대하여 너무 아팠다거나, 슬프고 기분 나빴다거나, 그만하게 하고 싶었다고 진술하였다. 학생 B는 그 후 등교를 꺼려하고 정서적으로 힘들어 하여 이사를 하고 다른 학교로 전학을 갔다.

🔨 법원의 판결

제1심
- 부산지방법원 2019고합511
- 유죄. 벌금 200만 원.

제2심
- 부산고등법원 2020노570
- 무죄

제3심
- 대법원 2021도10396
- 무죄(검사의 상고 기각)

🔨 판결 이유

1심

주로 학생 B의 주장이 사실로 채택되었으며, 그 내용은 교사 A가 관자놀이를 주먹 정권 부분으로 세게 눌렀다는 것, 학생 B가 동영상 촬영을 거부하는데도 교사 A가 계속 촬영을 했다는 것, 교사 A의 행위로 인해 학생 B는 정서적으로 힘들어하고 등교하기를 꺼려해 전학을 갔다는 것 등이다. 교사 A는 기억환기를 위해 관자놀이를 눌렀다고 주장했으나, 말로도 충분히 학생들의 기억환기라는 목적을 달성할 수 있다. 또한 교사 A는 훈육의 목적으로 동영상을 촬영했다고 주장했으나, 그렇다면 사전에 부모님의 동의를 얻고 다른 아이들이 알지 못하게 동영상을 조용히 촬영한 뒤 부모님과 문제행동 교정에 대하여 이야기했어야 했다. 즉 교사 A의 행위의 교육적 필요성을 인정하기 어렵다. 또한 학생 B의 부모가 교사 A에 대한 엄벌을 탄원하고 있다. 그러나 교사 A에게 아무런 전과가 없고, A의 제자, 지인 등이 A에 대한 선처를 탄원하고 있다는 점을 참작하여 벌금 200만 원 형을 선고한다.

(교사 A는 아동학대가 아니며 형량이 너무 무겁다고, 검사는 1심에서 무죄로 판결난 다른 행위가 아동학대에 해당되며 형량이 너무 가볍다고 항소를 했다.)

2심

「형사소송법」제307조 제2항에 따르면 형사재판에서 유죄의 인정은 법관으로 하여금 합리적인 의심을 할 여지가 없을 정도로 공소사실이 진실한 것이라는 확신을 가지게 하는 증명력을 가진 증거에 의하여야 하는데, 1심에서 검사가 제출한 증거능력이 인정되는 증거만으로는 교사 A가 합리적 의심의 여지 없이 아동학대를 했다는 점이 증명되었다고 할 수 없다. 교사 A의 '관자놀이 누르기'가 아팠다고 진술한 아동이 3명 있었으나 나머지 12명은 아프지 않았다고 진술한 점에 미루어보면 학생 B가 '관자놀이 누르기'로 인한 고통의 정도를 과장하여 진술하였을 가능성을 배제할 수 없다. 또한 학생 B는 '관자놀이 누르기'를 1회, 1~2초 당했는데, 이것이 아동의 신체 건강 및 정상적인 발달을 해칠 정도라고 보기 어렵다. 또한 교사 A가 동영상 촬영을 시도한 상황에 대해 같은 반 학생들도 학생 B가 소리를 지르고 떠들어서라고 진술했기 때문에 교사 A가 해당 행위를 한 주된 동기나 목적이 수업 시간의 질서 유지 및 훈육에 있었다고 볼 수 있다. 또한 아동의 부적절한 행동에 대한 동영상 촬영은 이를 중단시키고 추후 아동의 학부모와의 효과적인 상담을 준비하기 위한 수단으로, 비록 당시의 상황에서 교사가 택할 수 있는 최선의 방법은 아니었다고 하더라도 그것이 교육 목적상 허용될 수 있는 한계를 벗어난 행위라거나 그 자체로 현저히 부당한 행위라고 보기는 어렵다. 또한 교사 A는 학생 B의 면전에 휴대폰을 들이대지 않았고 교탁에서 촬영했으며, 학생 B가 촬영을 거부하자 그만두었다고 진술했다. 학생 B는 "교사 A가 나의 얼굴 등을 동영상으로 찍으려고 했다."는 것 외에 당시 상황에 대해 구체적으로 묘사하지 않았다. 그렇다면 교사 A의 주장이 진실일 가능성을 배제할 수 없다. 또한 동영상 촬영은 일회적으로 단시간 동안 벌어진 행위로, 이로 인해 학생 B가 두려움이나 슬픔 등의 부정적 감정을 느끼게 되었다고 하더라도 위와 같은 행위가 아동의 정신건강 및 정상적 발달을 저해할 정도의 위험을 일으켰다고 보기 어렵다. 따라서 교사 A의 무죄를 선고한다.

(검사는 상고했다.)

3심
2심 판결에 잘못이 없으므로 상고를 기각한다.

✒️_ 교사의 교육활동에 주는 함의

이 판례에서 교사 A는 1심에서 유죄 판결을 받았는데 2심에서 무죄로 뒤집혔다. 1심에서는 주로 고소한 학생의 주장이 사실로 받아들여졌는데, 2심에서 다른 학생들이 교사에게 유리한 증언을 해주었기 때문이다. 따라서 교사 A가 '기억을 잘하자.'라며 학생의 관자놀이를 누른 행위, 학생의 문제행동을 일회적으로 촬영한 행위는 정서적 학대가 아닌 것으로 판결이 났다. 이를 통해 알 수 있는 것은 생활지도 중 학생이 부정적 감정을 느끼게 되었다고 해서 무조건 정서적 학대라는 법적 판결을 받는 것은 아니라는 것이다. 그러나 이 판례에서 교사의 행위는 너무나 애매한 것이어서 구체적인 정황이 드러나기 전까지 유죄 판결을 받은 것을 보면 교사가 생활지도 과정에서 이와 같은 행위는 하지 않는 것이 안전할 것으로 보인다. 그보다는 언어적 지도, 분리 조치 등의 방법을 사용하는 것이 더 바람직할 것이다.

14 학생이 차별받는다고 느끼게 한 행위

⚖️ 사실관계

① 2015년 ○○초등학교 5학년 1반 담임교사였던 A는 2015년 3월경, 5학년 1반 교실에서 수업 시간 중 학생 B와 학생 C가 장난을 친 상황에서 B만 교실 뒤로 쫓아냈다. 이에 대해 학생 B는 교사 A가 자신을 차별했다고 주장하였으나, 교사 A는 학생 C가 장난치는 것을 보지 못했다고 진술했다.

② 또한 교사 A는 2015년 4월 1일경, 5학년 1반 교실에서 친구의 얼굴을 그리는 미술 시간 중 학생 B와 학생 D가 서로 얼굴을 제대로 보여주지 않고 장난치며 웃었는데 B를 교실 밖 복도로 쫓아냈다. 이에 대해 학생 B는 같이 장난을 친 D는 쫓겨나지 않았다고 주장하였으나, 같은 반 학생 E는 D도 같이 쫓겨났다고 진술했다.

③ 또한 교사 A는 2015년 4월 13일경, 5학년 1반 교실에서 수업 시간 중 학생 D가 학생 F의 모자를 빼앗는 장난을 쳤는데, 교사 A는 D에게는 벌을 주지 않고 모자를 빼앗긴 학생 F와 옆에 있었던 학생 B에게 명심보감을 쓰는 벌을 주었다. 이에 대해 교사 A는 학생 D가 장난치는 모습을 보지 못했다고 진술했다.

④ 또한 교사 A는 2015년 4월 16일경, 5학년 1반 교실에서 모둠이 함께 급식을 치워야 하는데 학생 B가 "혼자 다 치웠다."고 하자 B에게 "리더십이 없다."라고 말했다.

⑤ 또한 교사 A는 2015년 4월 20일 오후 2시 50분경, 학생 B가 수학 시간에 갑자기 일어나 책상 안에 있던 종이들을 꺼내어 폐휴지함이 아닌 쓰레기통에 버리자 이를 지적하면서 "왜 내 말을 무시하냐, 내가 사람 같지 않냐."고 말하고 딱딱한 종이로 된 교구 뭉치로 학생 B의 머리 위쪽을 1회

때렸다. 학생 B는 교사 A가 자신을 다른 학생들과 차별할 의사로 위와 같은 행위를 했다고 주장했고, 교사 A도 다른 학생들에 비하여 학생 B를 더 많이 혼을 낸 것은 인정한다고 진술했다. 그러나 같은 반 학생 E는 교사 A가 지속해서 B만 혼을 낸 것은 아니고 잘못한 일이 있으면 다른 학생들도 같이 혼냈다고 법정 진술을 했다.

🏛️ 법원의 판결

| 제1심 | • 의정부지방법원 고양지원 2015고단2572 |
| | • 무죄 |

| 제2심 | • 의정부지방법원 2016노644 |
| | • 무죄 |

🏛️ 판결 이유

1심

검사는 교사 A가 학생 B를 교실 뒤나 복도로 쫓아낸 행위, 명심보감을 쓰게 한 행위, "리더십이 없다."고 말한 행위가 정서적 학대행위라고 기소하였으나, 검사가 제시한 증거만으로는 교사 A가 학생 B를 다른 학생들과 차별할 의사로 이와 같은 행위를 하였는지 입증이 되지 않는다. 또한 교사 A가 학생 B의 머리를 때린 행위는 평소 강조했던 분리수거를 어기자 훈육 목적으로 종이 뭉치를 가지고 1회 때린 것으로 형법상 정당행위에 해당된다. 따라서 교사 A는 무죄이다.

(검사는 아동학대가 맞다고 항소했다.)

2심

1심의 판단이 정당한 것으로 보아 검사의 항소를 기각한다.

⚖️ 교사의 교육활동에 주는 함의

교사의 생활지도는 대략 20~30명의 학생들이 한 공간에 있는 상황에서 일어나기 때문에 아무리 공평하게 지도하려고 해도 특정 학생의 잘못을 지적하면 그 학생으로부터 "쟤도 그랬어요." 또는 "왜 저만 가지고 그러세요." 등의 말을 듣는 일이 매우 흔하게 일어난다. 그러나 이 판례는 학생이 주관적으로 차별받는다고 느낄 수 있지만 그것이 법적으로 정서적 학대가 되는 것은 명백한 증거 입증이 아니면 안 된다는 것을 보여준다. 물론 이 판례에서는 같은 반 학생 E의 진술이 중요하게 작용했을 것으로 생각된다. 또한 장난을 치는 학생을 교실 뒤나 복도로 쫓아낸 행위(분리 조치), 명심보감을 쓰게 한 행위(훈육 방법) 등은 생활지도의 방법으로 활용될 수 있는 것들이다. 그리고 훈육을 하다가 교사가 학생을 때렸다고 해도 종이 뭉치로 1회 때린 정도로는 신체적 학대가 성립되지 않는다.

15 학급회의에서 결정된 투명의자 벌칙을 준 행위

🔨 사실관계

① 2019년 ○○초등학교 3학년 4반 담임교사였던 A는 2019년 3월경, 학급 회의에서 본인 또는 다른 사람의 생명·신체에 피해를 줄 우려가 있는 행동 등을 하는 학생에 대해 30초가량 투명의자 벌칙(양손을 앞으로 뻗고 엉덩이를 뒤로 빼어 의자에 앉아 있는 것 같은 모습을 취하는 것)을 실시하기로 하는 규칙을 만들었다. 이후 교사 A는 담임반 학생들이 학교 안전사고를 일으킬 염려가 있는 위험한 행동을 하거나 학습에 상당한 지장을 초래할 정도의 행동을 하는 경우 위 규칙에 따라 투명의자 벌칙을 실시하였다. 교사 A는 2019년 3월 말경, 3학년 4반 교실에서 담임반 학생이었던 B(남, 8세)가 운동장으로 나가기 위해 빠르게 걸어갔다는 이유로 B에게 약 1분 동안 투명의자 벌칙을 수행하게 했다. 또한 교사 A는 2019년 5월 17일경, 3학년 4반 교실에서 점심시간 후 학생 B가 오카리나 선생님에게 사인을 받기 위해 친구들을 이끌고 교실 밖으로 갔다는 이유로 약 1분 40초 동안 위 투명의자 벌칙을 수행하게 했다.

② 교사 A는 2019년 8월 말에서 9월 초순 사이 3학년 4반 교실에서 한 번은 학생 B가 음악 시간에 노래 가사를 외우지 않고 떠들었다는 이유로, 또 다른 한 번은 영어 시간에 단어 쓰기를 안 하고 친구들과 떠들었다는 이유로 학급 학생들 앞에서 위 투명의자 벌칙을 수행하게 하고, "B는 모자라게 태어났으니 너희들이 이해해라."는 말을 했다. 학생 B는 평소 학교에서의 수업 태도나 생활 태도가 좋지 않아 다른 학생들에게 피해를 입혔고, 이로 인하여 학생들이 담임교사인 A에게 불평 불만을 호소하는 경우가 종종 있었다. 그러자 교사 A는 2019년 8월 말에서 9월 초순 사이 3학

년 4반 교실에서 학생들에게 "사람은 누구나 부족하거나 모자라는 부분이 있으니 너그럽게 감싸주고 이해하면서 살아가야 한다. 그러니 B가 수업 태도가 좋지 않더라도 서로 이해하면서 지내야 한다."고 말했다.

③ 교사 A는 2019년 10월 30일경, 3학년 4반 교실에서 학생들을 여러 명씩 나누어 조별 편성을 한 뒤, 수업 태도나 생활 태도 등을 반영하여 조별 보상을 해주었다. 학생 B는 □□조로 편성되었는데, 학생 B의 불량한 자세나 태도 등으로 인하여 보상을 제대로 받지 못한다고 생각한 □□조의 조원들이 교사 A에게 피해를 호소하면서 대책을 요구하였다. 이에 교사 A는 학급회의를 거쳐 학생 B를 일주일간 □□조에서 분리하여 '세모조'로 구분하는 결정을 하였다. □□조의 다른 학생들과 갈등을 겪고 있던 학생 B는 조 분리 자체에는 찬성하였지만 '세모조'라는 이름이 마음에 들지 않는다며 항의를 하였고, 이에 교사 A는 학생 B의 항의를 받아들여 조의 명칭을 B′(B 다시)조로 바꾸었다.

④ 학생 B는 2019년 11월 14일경, 3학년 4반 교실에서 수업 활동으로 '풍선 배구'를 하던 중 앞을 제대로 살피지 않고 걷다가 다른 학생과 부딪힌 뒤 말싸움을 벌였다. 이를 알게 된 교사 A는 다른 학생들의 의견을 들어 시비를 가린 후 두 사람으로 하여금 서로 사과하고 화해하도록 하였다. 그 과정에서 교사 A는 다른 학생들이 있는 가운데 "너희 둘이는 너무 선생님을 찾아오니까 솔직히 너희 다가오는 게 싫어. 어떤 친구는 정말 그냥 사과하고 넘어가고 진짜 중요한 것만 얘기하면 적극적으로 나서서 해결해 줄 텐데. 이만한 것도 선생님, 선생님 이러면서 중요하지도 않은 얘기를 맨날 조잘조잘 대고, 들어보면 진짜 시시한 얘기하니까. 너희가 얘기하면 이제 선생님이 안 들어주고 싶어. 좀 둘 다 선생님한테 말하는 거 삼가주세요. 나 분명히 들었어. 아무 때나 막 불러도 되는 그렇게 하찮은 물

건 취급하지 말라고. 불쾌해. 굉장히. 피곤하고. 너희만 보면 막 피곤해. 맨날 불평 덩어리 들어야 되고."라고 말했다.

⑤ 또한 학생 B는 2019년 11월 15일경, 3학년 4반 교실에서 수업 시간 중 노린재(벌레)를 손으로 잡아서 가열된 라디에이터에 떨어뜨려 태워 죽였고, 다른 학생들이 이를 보고서 교사 A에게 알렸다. 교사 A는 학생 B에게 생명을 가볍게 여기는 이러한 행동은 잘못된 것이라는 취지로 "너 뜨거운 거, 얘 좀 알코올램프 가져와서 좀 가열시켜 볼까? 아니면 뜨거운 판 위에 너 한번 놔볼까?"라고 말했다.

🏳️ 법원의 판결

제1심	• 의정부지방법원 고양지원 2020고단1474
	• 무죄

제2심	• 의정부지방법원 2021노297
	• 무죄

제3심	• 대법원 2022도101
	• 무죄

🏳️ 판결 이유

1심

검사는 교사 A의 행위를 '정서적 학대행위'로 기소했다. 그러나 신체적·정서적 학대행위와 유기 및 방임행위를 동일한 법정형으로 처벌하도록 규정한 「아동복지법」의 입법체계 등을 종합할 때, '아동의 정신건강 및 발달에 해를 끼치는 정서적 학대행위'란 신체적 학대행위나 방임행위와 같은 정도로서 아동의 정신건강 및 발달에 현저한 위험을 초래할 수 있는 행위

를 의미한다. 교사 A의 행위는 정서적 학대행위가 아니며, 그 이유는 다음
과 같다.

① 투명의자 벌칙은 학급회의를 통해 결정된 것이며, 상당수의 교육전문가
　들은 이러한 투명의자 벌칙이 학생의 문제 행위를 훈육하는 데 적절한 방
　법이라는 의견서를 이 법원에 제출하였다. 교사 A가 투명의자 벌칙을 실
　시하게 된 동기와 경위, 행위의 방법, 행위 전후의 정황 등을 살펴보면 교
　사 A의 행위가 정서적 학대행위에 해당한다거나 그에게 정서적 학대의
　고의가 있었다고 인정할 수 없다.
②,④,⑤ 검사는 교사 A가 학생 B를 비하하고 학대하는 발언을 했다고 기
　소했으나, 교사 A가 해당 발언을 하게 된 동기와 경위, 발언의 의미와 전
　체적인 맥락, 발언을 한 장소와 발언 전후의 정황 등에 비추어보면 교사
　A의 행위가 정서적 학대행위에 해당한다거나 그에게 정서적 학대의 고
　의가 있었다고 인정할 수 없다.
③ 교사 A가 학생 B를 '세모조'로 분리한 것에 대해 상당수의 교육전문가들
　은 조별 활동에 어려움을 겪고 있는 학생을 1주일간 단독으로 조편성한
　행위는 적절한 교육 방법에 해당한다는 의견서를 이 법원에 제출하였다.
　검사는 '세모조'가 그 소속 조원이 부족하고 모자람을 뜻한다고 주장하
　였으나, 그렇게 인정할 만한 아무런 증거가 없다. 교사 A가 학생 B를 기
　존의 □□조에서 분리하게 된 동기와 경위, 분리 전후의 정황, 분리 이후
　학생 B가 보인 태도 등에 비추어보면 교사 A의 행위가 정서적 학대행위
　에 해당한다거나 그에게 정서적 학대의 고의가 있었다고 인정할 수 없다.
　(검사는 교사 A의 행위가 정서적 학대행위가 맞다고 주장하며 항소했다.)

2심

경기고양아동보호전문기관은 이 사건 공소사실과 관련하여 교사 A가 학생 B에게 다른 학생들 앞에서 자신의 잘못된 부분을 말하도록 한 점, "모자라게 태어나서 그런 것이니 이해해.", "너 때문에 모두가 피곤해.", "너도 뜨거운 알코올램프에 가열시켜 볼까." 등의 말을 한 점, 학생 B를 세모조로 구분하고 B에게 투명의자 벌칙을 수행하도록 지시한 점을 가지고 교사 B의 행위가 학생 B에 대한 학대에 해당한다고 판단하였으나, 교사 A가 위와 같은 행위나 발언을 하게 된 동기와 경위, 전체적인 맥락 등에 대한 사실관계 확정을 위해 이 사건의 목격자인 같은 반 학생들에 대한 직접적인 조사를 하지는 않았다. 따라서 경기고양아동보호전문기관의 의견서는 그대로 믿기 어렵고 1심 판결이 정당한 것으로 수긍할 수 있어 검사의 항소를 기각한다.

(검사는 상고했다.)

3심

2심 판결에 잘못이 없으므로 검사의 상고를 기각한다.

🚩 교사의 교육활동에 주는 함의

교사의 생활지도가 아동학대 혐의를 받는 상황에서 법원이 교사에게 불리한 아동보호전문기관의 의견을 받아들이지 않고 교육전문가들의 의견을 받아들인 판례이다. 학생 B가 학급 내에서 문제행동을 많이 하여 교사 A가 생활지도를 많이 하였을 뿐만 아니라, 같은 반 학생들도 그에 따른 불편을 호소하는 상황이었던 것으로 보인다. 이러한 상황에서 학급 규칙에 따라 정해진 투명의자 벌칙을 30초~1분40초 정도로 짧게 하도록 시킨 행위, 조별 활동에 어려움을 겪자 해당 학생을 분리한 행위는 교사가 할 수 있는 생활지

도이지 아동학대가 아니라는 것이 법원의 판단이다. 「생활지도 고시」 제12
조 제11항에서는 학급담임교사가 학생 및 학부모의 의견을 들어 학급의 생
활지도에 관한 세부 사항을 법령과 학칙의 범위에서 학급생활규정으로 정
하여 시행할 수 있다고 규정하고 있다. 또한 교사 A는 생활지도 과정에서 학
생 B가 기분이 나쁠 만한 말들을 했지만, 그것이 욕설도 아니고 훈육의 목적
으로 이루어졌기 때문에 정서적 학대로 판단되지 않았다.

16 수업 시간에 장난을 치는 학생을 책상에 엎드려 있게 한 행위

⚖️_ 사실관계

2019년 ○○초등학교의 동요리듬 특기적성 계약직 강사였던 A는 방과 후 돌봄 시간에 일주일에 한 번씩 40분간 음악 '컵타' 수업을 해왔다. 교사 A는 2019년 1학기에는 학생 B(남, 8세)가 수업에 참여할 수 있도록 독려하였으나, 2학기에 이르러 거듭된 지적에도 불구하고 B가 수업 시간에 장난을 치거나 수업에 방해가 되는 행동을 거듭하고 태도가 더욱 불량해지자 2019년 11월 11일, 18일, 25일 총 3회에 걸쳐 2학년 돌봄1반 교실에서 B에게 수업재료인 컵와 악보를 주지 않거나 이를 회수하고 그럼에도 B가 계속 장난을 치는 경우에는 B에게 수업이 끝날 때까지 약 40분간 교실 뒤편 책상에 혼자 엎드려 있으라고 말했다. 학생 B의 돌봄 전담교사 C는 B가 수업에서 배제된 것을 본 후 따로 B에게 다가가 수업에 참여하라고 권해보았으나, B는 A에 대한 두려움이나 원망의 감정을 표현하기보다는 "싫어, 싫어"라면서 수업 참여를 완강하게 거부하였다. 돌봄 전담교사 C는 평소 학생 B가 우스꽝스러운 소리나 몸짓으로 다른 아동들이 수업에 집중하지 못하게 만드는 것을 여러 차례 목격한 적이 있고, 다른 아동들로부터는 B가 이상한 소리를 내거나 나쁜 말을 한다는 이야기를 전해 듣기도 하였다. 학생 B가 수업에서 배제된 것을 이유로 부모나 담임교사에게 먼저 정서적 피해를 호소한 적은 없고, 같은 학교 정교사인 학생 B의 어머니가 B를 평소보다 일찍 데리러 왔다가 교사 A의 행위를 우연히 발견하게 되었다.

🔨 법원의 판결

| 제1심 | • 의정부지방법원 고양지원 2020고정520
• 무죄 |

| 제2심 | • 의정부지방법원 2021노217
• 무죄(검사의 항소 기각) |

| 제3심 | • 대법원 2021도15458
• 무죄(검사의 상고 기각) |

🔨 판결 이유

1심

교사 A의 행위로 인해 학생 B가 소외감을 느꼈을 가능성이 있고, 수업 배제가 일정 횟수 반복되었으며, 훈육을 위한 다른 수단을 강구한 정황이 발견되지 않는 점 등을 고려하면 교사 A의 교육방식이 학생 B의 정서적 안정을 충분히 배려하지 못한 것 같기는 하다. 그러나 교사 A의 행위를 정신건강의 정상적 발달을 저해할 정도의 정서적 학대행위라고 보기는 어려우며, 그 이유는 다음과 같다.

① 교사 A는 처음부터 학생 B를 수업에서 배제한 것이 아니라, 1학기에는 수업 참여를 독려했으나 2학기에 이르러 거듭된 지적에도 불구하고 학생 B의 태도가 더욱 불량해지자 B를 수업에 참여시키지 않은 것이었다. 따라서 이를 단순한 충동적 감정이나 분노에 따른 조치가 아니라 교사 A 나름의 교육관과 고심에 따른 결과물이라고 볼 여지가 있다.

② 교사 A가 항상 학생 B로 하여금 책상에 엎드려 있게 한 것은 아니고, 수업 재료를 회수해가거나 다른 아동들과 떨어져 앉게 해도 소리를 낼 경우 그

렇게 한 것이다. 또한 그 과정에서 교사 A는 학생 B가 공포심, 모멸감, 수치심을 느낄 만한 언행을 하지 않았다.

③ 학생 B 자체가 완강히 수업 참여를 거부하였고, 그것이 합리적이지 않다고 하더라도 그러한 상황에서 학생 B에게 수업 참여만을 강권하는 것이 적절한 조치였다고 단정하기 어렵다.

④ 학생 B가 우스꽝스러운 소리나 몸짓으로 다른 아동들이 수업에 집중하지 못하게 만드는 일이 여러 번 있었기 때문에 교사 A는 수업 진행자로서 B의 행위가 반복될 경우 다른 아동들이 피해를 볼 상황을 우려해 우선 B에 대한 임시적인 조치가 필요했다. 교사 A의 입장에서는 다른 아동들이 지켜보는 가운데 B를 직접적으로 질책하기만 하는 것은 정서적으로 더욱 가혹하다고 생각했을 여지도 있다.

⑤ 교사 A가 담임교사나 부모와의 상담을 통해 보다 적절하고 근본적인 훈육 방식을 모색해 볼 필요는 있었으나, 돌봄 전담교사가 같은 교실에서 A의 행위를 지켜보고 있었기 때문에 자신의 행위를 은폐하기 위해 그렇게 하지 않은 것은 아닌 것으로 보이고, 계약직 강사라는 불안정한 신분적 지위로 인해 적극적인 훈육 조치를 하지 못한 것일 수 있다.

⑥ 학생 B가 수업에서 배제된 것을 이유로 부모나 담임교사에게 먼저 정서적 피해를 호소하거나 간접적으로나마 이를 노출하였다고 볼 만한 증거가 없다.

(검사가 정서적 학대가 맞다고 항소했다.)

2심

교사 A의 행위가 학생 B의 정서적 안정에 대한 충분한 배려 없이 이루어진 것이라고 볼 여지는 있으나, 이를 정신적 폭력이나 가혹행위로 보기는 어렵다는 1심의 판결이 정당하기 때문에 검사의 항소를 기각한다.

(검사는 상고했다.)

3심

2심 판결에 잘못이 없으므로 상고를 기각한다.

🚩 교사의 교육활동에 주는 함의

2023년 9월에 발표된 「교원의 학생생활지도에 관한 고시」 제12조 제6항 제1, 2호를 보면 교육활동을 방해하는 학생은 수업 시간 중 교실 내 다른 좌석이나 지정된 위치로 분리할 수 있다. 이 판례에서 교사 A의 행위가 무죄 판결을 받은 것은 이와 일관되는 조치라고 할 수 있다.

<u>17</u> 훈계 중 도망가는 학생의 팔을 잡은 행위

𝒮_ 사실관계

2018년에 ○○초등학교 2학년 5반 담임교사였던 A는 2018년 9월 21일 오전 8시 40분경, 2학년 5반 교실 앞에서 학생 B가 같은 반 여자친구를 괴롭혀서 훈계하던 중임에도 본인 자리로 돌아가자 쫓아가 B의 양팔을 잡았다. 그때 학생 B가 팔을 빼는 과정에서 A의 손톱에 긁혀 B의 왼팔에 상처가 났다.

𝒮_ 법원의 판결

제1심	• 대전지방법원 2021고정992
	• 무죄

𝒮_ 판결 이유

1심

교사 A의 행위로 인해 학생 B의 왼팔에 상처가 난 사실은 인정되지만, A에게는 지도하는 아동들을 학교 내 괴롭힘으로부터 보호하고, 기본적인 질서와 규칙을 훈육하여야 할 의무가 있다. 또한 A는 수십년간 초등학교 교사로 근무해 왔고 평소 성향은 순박하며 아이들을 꼬집거나 신체적으로 학대하는 성향이 없었던 것으로 보인다. 또한 교사가 다른 아동에게 위해를 가할 우려가 있고 말로는 제어가 되지 않는 아동의 양팔을 잡고 그와 같은 행위를 제지하는 정도의 유형력의 행사는 사회통념상 허용되는 행위로 볼 수 있어 아동학대로 판단할 수 없다. 따라서 교사 A는 무죄이다.

⚖️ 교사의 교육활동에 주는 함의

이 판례는 교사의 생활지도 중 '물리적 제지'와 관련된 판례라고 할 수 있다. 현재 학교에서 학생이 교사의 생활지도에 불응하는 것은 정말 흔한 일이다. 교사 A가 야단을 치는데도 학생 B가 듣지 않고 본인 자리로 돌아갔고, 교사 A는 훈계를 끝까지 하기 위해 학생 B의 양팔을 잡았다. 그 과정에서 학생의 팔에 상처가 났지만 법원은 교사 A의 행위를 아동학대로 인정하지 않았다. 이와 관련하여 「생활지도 고시」 제12조 제4항을 보면 교사는 자신 또는 타인의 생명·신체에 위해를 끼치거나 재산에 중대한 손해를 끼칠 우려가 있는 긴급한 경우 학생의 행위를 물리적으로 제지할 수 있고, 제5항을 보면 이와 같은 물리적 제지를 했을 경우, 교사는 교장에게 지체 없이 보고해야 하고 교장은 그 사실을 보호자에게 신속히 알려야 한다고 규정하고 있다.

Chapter 2

교사들은 대부분 학급이나 수업 시간 중에 발생한 학교폭력이나 학생들 간의 갈등 문제를 교육적으로 해결하기 위해 중재를 시도한다. 그러나 아무런 보호장치가 없는 상황에서 교사에게 학교폭력 사안을 갈등 중재로, 교육적으로 해결하라고 하는 것은 교사를 죽음으로 모는 것과 다르지 않다. 학교폭력 사안 발생 시 교사가 할 수 있는 최선의 선택은 매뉴얼대로 학교폭력으로 접수하고 법령에 따라 정해진 절차를 밟는 것이다.

교내 폭력사고의
책임을 묻는 경우

학교폭력 문제가 이슈화되어 「학교폭력예방 및 대책에 관한 법률」이 제정될 무렵, 교육계에서는 또래조정, 회복적 생활교육 등 학교폭력 문제를 갈등 중재로, 교육적으로 해결하려는 움직임이 있었다. 이러한 흐름 속에서 현재는 담임을 맡은 학급에서 또는 수업 시간 중에 학교폭력이 발생하면 학생들 간의 갈등 문제를 교육적으로 해결하기 위해 중재를 시도하는 교사가 대부분이다. 그러나 교사가 섣불리 중재를 시도하다가 그 과정에서 피해학생 부모와 가해학생 부모 양쪽 모두의 욕받이가 되며 심한 감정노동을 하다가 소진되는 경우가 적지 않다. 자살한 서이초 교사가 겪은 '연필 사건'도 사소하지만 충분히 학교폭력에 해당될 수 있는 사안이다. 현재와 같이 아무런 보호장치가 없는 상황에서 교사에게 학교폭력 사안을 갈등 중재로, 교육적으로 해결하라고 하는 것은 교사를 죽음으로 모는 것과 다르지 않다.

　지금과 같은 상황에서 학교폭력 사안 발생 시 교사가 할 수 있는 최선의 선택은 매뉴얼대로 학교폭력으로 접수하고 법령에 따라 정해진 절차를 밟는 것이다. 사소한 학생들 간 갈등이라고 해도 사실관계가 명확하고 피해학생이 용서를 하며 가해학생이 자신의 행위를 인정하는데 그것이 잘못인지 잘 몰라서 생활지도가 필요한 상황에서는 생활지도를 하지만, 피해학생이 용서를 하지 않거나 피해학생 및 가해학생의 진술이 서로 달라 무엇이 진실인지 파악할 수 없는 사안은 담임교사가 혼자 해결하기 위해 끙끙 앓기보다 일단 양측 학부모에게 알리고 학교폭력 담당 부서에 학교폭력 사안이 발생했음을 알려야 한다.

그런데 문제는 법적으로 교사에게 학교폭력 신고 의무가 있지만, 피해학생 부모가 학교폭력으로 신고하지 않으면 아무것도 하지 않으려는 학교의 관행이 존재한다는 것이다. 왜 이런 일이 일어날까? 최근에 이루어진 푸른나무재단의 학교폭력 실태조사 결과에 따르면 가해학생의 40%가 피해학생을 맞신고했다. 즉 피해학생과 그 부모가 학교폭력 신고를 한다는 것은 이러한 맞신고와 지난한 유사사법적 절차를 겪어낼 것을 각오한 결정이다. 따라서 명백한 학교폭력이 발생했더라도 피해학생과 그 부모가 원하지 않으면 교사가 이를 학교폭력으로 신고하여 진흙탕 싸움으로 밀어넣기가 쉽지 않은 것이다. 이러한 상황에서는 「초·중등교육법」에 따른 생활교육위원회가 요긴하게 사용될 수 있다. 가해학생의 행위가 교칙을 위반한 것이라면 피해학생의 의사와 상관없이 학교에서 징계를 내릴 수 있다. 이와 관련된 법 조항은 다음과 같다.

학교폭력예방 및 대책에 관한 법률
제20조(학교폭력의 신고 의무) ① 학교폭력 현장을 보거나 그 사실을 알게 된 자는 학교 등 관계 기관에 이를 즉시 신고하여야 한다.

④ 누구라도 학교폭력의 예비·음모를 알게 된 자는 이를 학교의 장 또는 심의위원회에 고발할 수 있다. 다만, 교원이 이를 알게 되었을 경우에는 학교의 장에게 보고하고 해당 학부모에게 알려야 한다.

⑤ 누구든지 제1항부터 제4항까지에 따라 학교폭력을 신고한 사람에게 그 신고행위를 이유로 불이익을 주어서는 아니 된다.

「학교폭력법」에 따르면 학교는 피해학생의 부모뿐만 아니라 교사의 학교폭력 신고도 접수해야 하고, 신고자에 대한 정보는 누설하면 안 된다. 그러나 현실에서 학교폭력 사안처리는 피해학생과 그 부모, 가해학생과 그 부

학교			학교폭력제로센터	
사전예방 (상시)	생활지도 (상시)	학교폭력 접수 및 초기 사실확인	분석/조사관 배정	사안조사
• 예방교육 - 관리자 - 교직원 - 학생 - 학부모 • 예방활동 - 체험학습 - 캠페인 등 • 실태조사 - 학교단위 - 학급단위 등 • 상담/순찰 - 위(Wee) 클래스 - 교내지도 - 교외지도	• 갈등조정 - 학업 및 진로 - 보건 및 안전 - 인성 및 대인 관계 - 그 밖의 분야 • 관계개선 - 학급활동 - 외부 전문가 초청 프로 그램 • 학생지도 - 조언 - 상담 - 주의 - 훈육 - 훈계 - 보상	• 접수/초기대응 - 신고·접수대장 기록 - 최초 학생 작성 확인서 접수 - 접수보고서 작성 - 학교장 보고 - 보호자 및 해당 학교 통보 • 분리/긴급조치 (필요시) - 피해·가해학생 분리 - 피해학생 긴급조치 - 가해학생 긴급조치 • 교육(지원)청 보고(사안접수 보고서) - 신고개요 - 피해·가해학생 상태 - 분리 및 긴급조치 여부	• 접수내용 분석 - 조사의 긴급성 - 다문화·장애 여부 - 관련 학교 - 학생의 연령 등 • 조사관 배정 - 학교 방문일 확인 - 배정 적합성 검토 (저학년, 성별 등) - 배정 인원(1명 또는 2명 이상)	• 학교 방문 - 피해·가해 학생 및 학부모 면담 - 추가 학생 작성 확인 서 접수 - 목격자 면담(학생, 담임교사 등) - 증거 자료 인수 • 전문가 의견 청취(필 요시) - 의사, 변호사, 특수교 육·상담전문가 등 • 보고서 작성 (사안조사보고서) - 사안개요, 경위 • 조사결과 보고 - 전담기구, 제로센터

접수 보고 →

조사 결과 보고 →

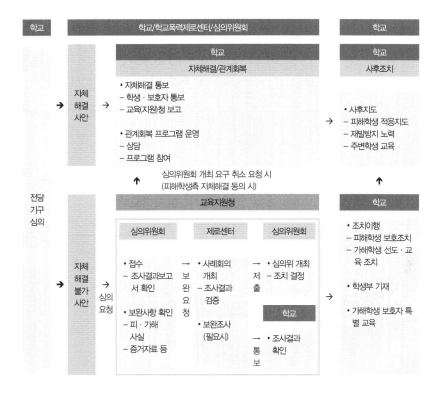

모 간의 법적 다툼을 의미한다. 교육부에서 발간한「2024년 학교폭력 사안 처리 가이드북」에 따르면 학교폭력 사안처리 절차는 그림과 같다(p.8).

학교폭력 업무 담당 교사는 학교폭력 사안을 접수하고 초기 대응을 하며, 필요한 경우 분리 및 긴급조치를 하고, 교육청에 보고한다. 대부분의 학교폭력 사안은 처음 드러났을 때 사실관계가 명확하지 않다. 피해학생, 가해학생, 제3자 학생 등을 면담하고 무슨 일이 일어났는지 조사를 해야만 그 실체를 파악할 수 있다. 이와 같은 사안 조사를 2024년부터 교육청 학교폭력제로센터의 조사관이 담당하게 되었다. 최종 결론이 나기 전까지 교사는 해당 사안에 대해 섣부른 판단을 자제하고 철저히 중립을 지킬 필요가 있다. 조사관의 사안 조사가 끝나면 학교 전담기구가 학교장 자체해결로 종결할지, 교육청 심의위원회에 회부할지를 결정한다. ① 2주 이상의 신체적·정신적 치료를 요하는 진단서를 발급받지 않은 경우, ② 재산상 피해가 없거나 즉각 복구된 경우, ③ 학교폭력이 지속적이지 않은 경우, ④ 학교폭력에 대한 신고, 진술, 자료제공 등에 대한 보복행위가 아닌 경우에는 학교장 자체 해결로 마무리된다. 그렇지 않다면 학교는 심의위원회에 회부하여 결정에 따른 조치를 이행하고 생활기록부에 조치 내용을 기록하며 가해학생 보호자 교육을 하면 된다.

이 장에서 제시된 판례에는 담당 학급에서 학교폭력 및 안전사고가 일어났다는 이유로 민·형사소송을 해야 했던 교사들의 이야기가 담겨 있다. 그들이 소송을 당한 이유는 교사가 학교폭력 및 안전사고를 막지 못했다는 것이다. 「국가배상법」 제2조 제1항에 따라 학교폭력 및 안전사고로 인해 발생한 손해가 공무원인 교사의 과실로 인한 것이라고 판단이 되면 교사가 속한 학교의 지방자치단체는 소송을 제기한 학부모에게 손해배상을 해야 한다. 교사의 경과실이면 지방자치단체 배상으로 끝나고, 고의 또는 중과실이면 교사 개인도 배상책임을 진다. 이 장에 제시된 판례에서는 교사의 경과실로 보아 지방자치단체가 배상하는 것으로 마무리되었다. 그러나 긴 소송 기간 동안 교사는 자신의 잘못이 없음을 입증해야 하는 고통을 겪을 수밖에 없었다. 그렇지만 「학교폭력법」이 일부 개정되어 올해 3월 1일부터는 다음과 같은 교사 면책권 적용을 받게 되었다. 이로 인해 눈에 띄는 변화가 있기를 기대해 본다.

학교폭력예방 및 대책에 관한 법률

제11조의4(학교폭력 업무 담당자에 대한 지원 및 면책) ③ 학교의 장 및 교원이 학교폭력 예방 및 대응을 위하여 「초·중등교육법」 등 관계 법령에 따라 학생생활지도를 실시하는 경우 해당 학생생활지도가 관계 법령 및 학칙을 준수하여 이루어진 정당한 학교폭력사건 처리 또는 학생생활지도에 해당하는 때에는 학교의 장 및 교원은 그로 인한 민사상·형사상 책임을 지지 아니한다.

이 장에서 적용된 법률 조항

헌법

제29조 ① 공무원의 직무상 불법행위로 손해를 받은 국민은 법률이 정하는 바에 의하여 국가 또는 공공단체에 정당한 배상을 청구할 수 있다. 이 경우 공무원 자신의 책임은 면제되지 아니한다.

민법

제750조(불법행위의 내용) 고의 또는 과실로 인한 위법행위로 타인에게 손해를 가한 자는 그 손해를 배상할 책임이 있다.

제751조(재산 이외의 손해의 배상) ① 타인의 신체, 자유 또는 명예를 해하거나 기타 정신상 고통을 가한 자는 재산 이외의 손해에 대하여도 배상할 책임이 있다.

제753조(미성년자의 책임능력) 미성년자가 타인에게 손해를 가한 경우에 그 행위의 책임을 변식할 지능이 없는 때에는 배상의 책임이 없다.

제755조(감독자의 책임) ① 다른 자에게 손해를 가한 사람이 제753조 … 에 따라 책임이 없는 경우에는 그를 감독할 법정의무가 있는 자가 그 손해를 배상할 책임이 있다. 다만, 감독의무를 게을리하지 아니한 경우에는 그러하지 아니하다.

국가배상법

제2조(배상책임) ① 국가나 지방자치단체는 공무원 또는 공무를 위탁받은 사인(이하 "공무원"이라 한다)이 직무를 집행하면서 고의 또는 과실로 법령을 위반하여 타인에게 손해를 입히거나, 「자동차손해배상 보장법」에 따라 손해배상의 책임이 있을 때에는 이 법에 따라 그 손해를 배상하여야 한다. …

② 제1항 본문의 경우에 공무원에게 고의 또는 중대한 과실이 있으면 국가나 지방자치단체는 그 공무원에게 구상(求償)할 수 있다.

형법

제51조(양형의 조건) 형을 정함에 있어서는 다음 사항을 참작하여야 한다.

1. 범인의 연령, 성행, 지능과 환경
2. 피해자에 대한 관계
3. 범행의 동기, 수단과 결과
4. 범행 후의 정황

제59조(선고유예의 요건) ① 1년 이하의 징역이나 금고, 자격정지 또는 벌금의 형을 선고할 경우에 제51조의 사항을 고려하여 뉘우치는 정상이 뚜렷할 때에는 그 형의 선고를 유예할 수 있다. 다만, 자격정지 이상의 형을 받은 전과가 있는 사람에 대해서는 예외로 한다.

제122조(직무유기) 공무원이 정당한 이유 없이 그 직무수행을 거부하거나 그 직무를 유기한 때에는 1년 이하의 징역이나 금고 또는 3년 이하의 자격정지에 처한다.

제257조(상해) ① 사람의 신체를 상해한 자는 7년 이하의 징역, 10년 이하의 자격정지 또는 1천만원 이하의 벌금에 처한다.

제260조(폭행) ① 사람의 신체에 대하여 폭행을 가한 자는 2년 이하의 징역, 500만원 이하의 벌금, 구류 또는 과료에 처한다.

제311조(모욕) 공연히 사람을 모욕한 자는 1년 이하의 징역이나 금고 또는 200만원 이하의 벌금에 처한다.

소년법

제29조(불처분 결정) ① 소년부 판사는 심리 결과 보호처분을 할 수 없거나 할

필요가 없다고 인정하면 그 취지의 결정을 하고, 이를 사건 본인과 보호자에게 알려야 한다.

제32조(보호처분의 결정) ① 소년부 판사는 심리 결과 보호처분을 할 필요가 있다고 인정하면 결정으로써 다음 각 호의 어느 하나에 해당하는 처분을 하여야 한다.

1. 보호자 또는 보호자를 대신하여 소년을 보호할 수 있는 자에게 감호 위탁
2. 수강명령
3. 사회봉사명령
4. 보호관찰관의 단기(短期) 보호관찰
5. 보호관찰관의 장기(長期) 보호관찰
6. 「아동복지법」에 따른 아동복지시설이나 그 밖의 소년보호시설에 감호 위탁
7. 병원, 요양소 또는 「보호소년 등의 처우에 관한 법률」에 따른 의료재활소년원에 위탁
8. 1개월 이내의 소년원 송치
9. 단기 소년원 송치
10. 장기 소년원 송치

학교폭력예방 및 대책에 관한 법률

제2조(정의) 이 법에서 사용하는 용어의 정의는 다음 각 호와 같다.

1. "학교폭력"이란 학교 내외에서 학생을 대상으로 발생한 상해, 폭행, 감금, 협박, 약취·유인, 명예훼손·모욕, 공갈, 강요·강제적인 심부름 및 성폭력, 따돌림, 사이버 따돌림, 정보통신망을 이용한 음란·폭력 정보 등에 의하여 신체·정신 또는 재산상의 피해를 수반하는 행위

를 말한다.

　　1의2. "따돌림"이란 학교 내외에서 2명 이상의 학생들이 특정인이나 특
　　　　정 집단의 학생들을 대상으로 지속적이거나 반복적으로 신체적 또는
　　　　심리적 공격을 가하여 상대방이 고통을 느끼도록 하는 모든 행위를
　　　　말한다.

제20조(학교폭력의 신고의무) ④ 누구라도 학교폭력의 예비·음모 등을 알게 된
　　자는 이를 학교의 장 또는 심의위원회에 고발할 수 있다. 다만, 교원이 이
　　를 알게 되었을 경우에는 학교의 장에게 보고하고 해당 학부모에게 알려
　　야 한다.

통신비밀보호법

제14조(타인의 대화비밀 침해금지) ① 누구든지 공개되지 아니한 타인 간의 대화
　　를 녹음하거나 전자장치 또는 기계적 수단을 이용하여 청취할 수 없다.

18 자습 시간 폭행 사건

사실관계

① 2014년에 ○○고등학교 기술교사였던 A는 2014년 6월 28일경, 1학년 1반 교실에서 기말고사를 앞두고 기술과목 수업을 하지 않고 학생들에게 자율학습을 하도록 하였고, 본인은 교탁에서 노트북으로 문서작업을 하였다. 당시 1학년 1반 학생 중 교실 뒷문 근처에 앉아 있던 학생 B, C, D, E는 가위바위보 게임을 하여 진 사람이 물을 떠오는 벌칙을 수행하기로 했고, 학생 B가 져서 물을 뜨러 교실 밖으로 나갔다. 이때 근처에 있던 학생 F가 교사 A에게 "누구 한 명 없는데요."라고 말했고, 교사 A는 비로소 학생 B가 자리에 없다는 것을 알아차리고 B가 교실로 돌아오자 B를 교탁 앞으로 불러내 벌점을 부과했다. 그러자 학생들이 웃었고 B가 자리로 돌아가면서 C에게 왜 웃냐고 하자 C는 왜 나한테만 그러냐며 서로 언쟁이 붙었다. 그러면서 B가 "그럼 싸우든가"라고 말했고, C가 "그래"라고 대답하면서 자리에서 일어나 주먹으로 안경을 쓰고 있는 학생 B의 오른쪽 눈 부위를 1회 때렸다. 이로 인해 학생 B는 오른쪽 눈 각막과 눈꺼풀, 미간 부위가 찢어져 약 4주간의 치료를 요하는 상해를 입었고, 2014년 6월 27일부터 7월 4일까지 8일간 대학병원에서 입원 치료를 받았으며, 이후 오른쪽 시력이 0.9에서 0.5로 떨어지고 각막 혼탁이 발생하는 등의 후유 장해가 발생했다.

② 이 사건 이후 학생 D와 E는 2014년 10월 중순경부터 2015년 7월경까지 수차례에 걸쳐 학교 교실이나 노래방 등 다른 학생들이 함께 있는 자리에서 학생 B에게 "B, 나 같으면 죽었다. 왜 인생을 그렇게 사냐.", "애꾸눈, 물주", "애미 애비도 없다", "B가 도둑이네. 너 밥 안 먹고 뭐 훔치고 다니

지?"라는 등의 말을 했다. 그리고 학생 D는 2015년 6월 10일경, 2학년 3반 교실에서 학생 B를 향해 안경알을 던지고, 비슷한 시기에 교실에서 B의 지갑을 빼앗아 지갑 속에 있던 현금 3만 원을 꺼내어 반 아이들 앞에 뿌렸다. 그리고 학생 D는 2015년 7월경, 학생 B에게 아버지에게 선물할 전자담배를 사다준다고 하면서 B로부터 17만 원을 받은 후, 전자담배를 다른 친구들이 가지고 있다고 둘러대면서 돈을 돌려주지도 않고 전자담배를 주지도 않았다. 그리고 학생 E는 2015년 7월 2일, 교실에서 학생 B의 머리를 손으로 때리고 B가 앉아있던 의자를 발로 찼다.

③ 위와 같은 학생 C, D, E의 폭력 행위에 대하여 (1) 학교는 2014년 7월 10일, 학교폭력대책자치위원회를 개최하여 학생 C에 대해 사회봉사 5일 및 특별교육 1일 부과조치, 보호자 특별교육 4시간의 조치를 의결하였다. 또한 학교는 2015년 7월 20일, 학교폭력대책자치위원회를 개최하여 학생 D에 대해서는 학생 5일, 보호자 특별교육 6시간의 조치를, 학생 E에 대해서는 학생 1일, 보호자 6시간의 특별교육 조치를 각 의결하였다. 학생 B의 아버지는 위 조치에 불복하여 대전광역시 학교폭력대책자치위원회에 재심 청구를 하였고, 대전광역시 학교폭력대책자치위원회는 2015년 8월 31일, 학생 D에 대해서는 전학 및 학생 1일, 보호자 6시간의 특별교육 조치를, 학생 E에 대해서는 협박 및 보복금지, 출석정지 5일, 학급교체 및 학생 1일, 보호자 6시간의 특별교육 조치를 각 부과하는 재심 결정을 하였다. (2) 또한 학생 B의 부모는 학생 C, D, E를 고소했고, 이들은 위 상해, 모욕, 폭행 등 가해행위로 인하여 소년보호사건(대전가정법원 2015푸2113~2115호)으로 송치되었는데, 학생 C는 위 상해행위에 대해 2016년 7월 26일에 보호처분결정을 받았고, 학생 D, E는 2016년 4월 12일에 불처분결정을 받았다. (3) 또한 학생 B의 부모는 2015년에 학

생 C, D, E의 부모에게 손해배상을 청구하는 민사소송을 제기하였고, 1심(대전지방법원 2015가단217499)에서 학생 C의 부모에게는 일실수입(피해자가 사고로 잃어버린 장래의 소득의 상실), 치료비, 위자료 명목으로 약 7,500만 원을, 학생 D의 부모에게는 위자료 700만 원을, 학생 E의 부모에게는 위자료 400만 원을 학생 B에게 지급하라는 판결이 나왔다. 이에 대해 학생 B의 부모는 학생 C의 부모가 자신이 청구한 금액인 약 9,200만 원을 배상하게 해달라고, 학생 C의 부모는 학생 B의 부모의 청구를 기각해달라고 항소를 했다. 2심(대전지방법원 2018나102018)에서는 학생 C의 부모가 학생 B의 부모에게 이미 치료비로 약 200만 원가량 지급한 것이 인정되어, 학생 C의 부모가 학생 B의 부모에게 약 7,300만 원을 지급하라는 판결이 나왔다. 그리고 학생 B의 부모는 판결문을 근거로 채권압류 및 추심명령(부산지방법원 동부지원 2018타채106829)을 받아 2018년 12월부터 2020년 5월까지 학생 C의 부모로부터 해당 금액을 받아냈다.

④ 이후 학생 C의 부모는 2019년에 상해 사건 당시 수업 담당 교사였던 A에게 학생들을 보호·감독할 의무가 있는데 이를 게을리하여 이 사건이 발생했다면서 대전광역시를 상대로 구상금 청구소송을 제기하였고 승소하였다. 대전광역시는 2021년 9월 9일 소송에서 인용된 채무액 약 6,100만 원(법정이자 포함)을 학생 C의 부모에게 모두 지급하고 나서 교사 A를 상대로 구상금 청구 소송을 했다. 아래 판례는 이 두 사건에 대한 것이다.

⚖️ 법원의 판결

원고: 학생 C의 부모, 피고: 대전광역시, 구상금 청구 소송

제1심
- 대전지방법원 2019가단132619
- 원고 승소(약 4,100만 원)

제2심
- 대전지방법원 2020나114526
- 원고 승소(약 1,350만 원 추가 지급)

원고: 대전광역시, 피고: 교사 A, 구상금 청구 소송

제1심
- 대전지방법원 2021가단140514
- 원고 패소

⚖️ 판결 이유

원고: 학생 C의 부모, 피고: 대전광역시, 구상금 청구 소송

1심

재판부는 대전광역시가 학생 C의 부모에게 약 4,100만 원을 지급하라는 판결을 했다. 사건 당시 교사 A가 학생들에게 자율학습을 하도록 하고 본인은 교탁에서 노트북으로 문서작업을 하면서 교실 내의 소란스러운 분위기를 통제하지 않았다는 점, 학생 B와 C가 큰 소리로 약 1분간 언쟁을 하여 학생들의 이목이 집중되었음에도 교사 A가 별다른 조치를 하지 않았다는 점이 학교에서의 교육활동 중에 교사 A의 지도·감독이 필요한 상황에서 적절한 주의나 감독을 하지 않아 보호·감독 의무를 위반했다는 근거가 되었다.

(학생 C의 부모와 대전광역시는 둘 다 항소했다.)

2심

대전광역시는 해당 사건이 교사 A가 벌점부과 카드를 작성하는 순간 발생하여 이를 예상할 수 없었다고 주장했으나, 법원은 벌점부과 카드 작성이 긴급을 요하는 업무도 아니고 학생 B가 벌점을 부과받은 이후에도 여전히 반 학생들이 웃고 웅성거리는 상황이 이어졌는데 교사 A가 별다른 제지나 훈계를 하지 않았기 때문에 교사의 보호·감독 의무를 다하지 않았다고 판단했다. 그리고 학생 C의 부모의 청구를 받아들여 대전광역시가 학생 C의 부모에게 약 1,350만 원을 추가로 지급하라고 판결했다.

원고: 대전광역시, 피고: 교사 A, 구상금 청구 소송

「국가배상법」 제2조 제2항에 의하면 공무원에게 고의 또는 중대한 과실이 있을 경우 국가나 지방자치단체는 그 공무원에게 구상할 수 있는데, 앞의 판결에서 인정된 것처럼 교사 A가 사건 당시 자율학습 시간의 소란스러운 분위기를 통제하지 않았고 학생 B와 C가 큰 소리로 약 1분간 언쟁을 했는데도 제지하지 않았으며 이는 중과실에 해당한다는 이유로 대전광역시는 교사 A가 구상금을 지급해야 한다고 주장했다. 그러나 법원은 중과실이 아니라고 판단했으며, 그 이유는 다음과 같다.

① 이 사건은 우발적으로 발생했고 처음부터 학생들 사이에 심한 폭력성, 반목, 대치 상태 등이 엿보이는 상황은 아니었다.
② 가해학생의 경우 평소 품행이 단정하여 이 사건·사고 이전에 학교로부터 어떠한 징계나 처벌 등을 받은 적이 없었던 터라(가해학생의 담임교사가 '가해학생은 평소 친구들을 좋아하고 긍정적인 성격으로 즐겁게 학교생활을 하는 모범적인 학생'이라는 의견서를 제출함) 교사 A가 학생 C

의 폭력성을 사전에 예측하기는 어려웠을 것으로 보인다.

③ 이 사건을 목격한 학생 중 하나가 "학생 B와 학생 C는 평소 사이가 그렇게 친한 사이도 아니고 나쁘지도 않고 그냥 무난하게 그런 사이였다."고 증언했다.

④ 이 사건은 학생 B가 벌점을 받고 학생들이 웃는 등 사뭇 우호적인 분위기였다가 갑자기 학생 B와 학생 C가 언쟁을 벌이고 C가 B의 눈 부위를 가격하는 적대적, 폭력적 상황으로 돌변한 것으로, 그와 같은 상황의 변화는 채 1분도 안 되어 발생한 것으로 보인다.

⑤ 이러한 상황에서 교사 A가 대처 능력의 부족으로 학생들 간의 분쟁에 늦게 개입한 잘못은 있으나 이를 교사 A의 고의에 가까운 현저히 주의를 결여한 과실이라고 보기는 어렵다.

⚖️ 교사의 교육활동에 주는 함의

이 사건에서 학생 B의 부모는 자신의 자녀에게 폭력을 행사한 학생 C, D, E에 대해서 할 수 있는 법적 조치를 모두 했다. 학폭위에 신고했고(학생 D, E에 대해서는 약한 처벌이 나오자 재심 청구도 했음), 형사 고소하여 소년재판을 받게 했으며, 학생의 부모를 상대로 민사소송까지 걸었다. 문제는 그 과정에서 7,000만 원이 넘는 금액을 배상해야 했던 가해학생 C의 부모가 당시 교사 A가 지도·감독을 잘했더라면 이러한 일이 발생하지 않았을 것이라며 국가에 배상을 요구하는 민사소송을 걸었고, 법원이 C 부모의 손을 들어주었으며, 그 내용을 근거로 국가가 교사 A에게 해당 금액을 배상하라는 민사소송을 걸었다는 데에 있다.

필자는 학생 C의 부모가 대전광역시를 상대로 건 소송에서 이 사건의 책임을 교사 A에게 돌린 판단이 매우 부당하다고 생각하며, 「학교폭력법」에 교사 면책권 조항이 신설된 이후로는 유사한 사건에 대한 판결이 달라질 수도 있다고 생각한다. 교사 A는 모범생이었던 학생 C가 갑자기 학생 B의 눈을 때리는 사건이 일어날 거라 예측할 수 없었고, 어떻게 하더라도 이 사건을 막을 수는 없었을 것이다. 판결문에서는 교사 A가 당시 학급의 소란스러운 분위기를 통제하지 않은 것이 잘못이라고 했지만, 교사 A는 교사의 허락 없이 교실 밖에 나갔다 온 학생 B에게 벌점을 줬고, 이것은 교사 A가 당시 학급 학생들을 방치하지 않았다는 증거이다. 그리고 (지금은 대부분의 학교에서 벌점 입력을 전산으로 하지만) 사건 당시 학생에게 벌점을 부과하려면 교사가 벌점부과 카드를 작성하여 학생부에 제출해야 했던 것으로 보이며, 그러한 상황에서 교사가 학생에게 벌점을 주겠다고 말하고 나서 교탁에서 벌점부과 카드를 작성한 것은 자연스러운 일이다. 그 1분 사이에 갑자기 학생 C가 학생 B를 폭행했는데 어떻게 교사가 그 폭행을 막을 수 있었겠는가. 다만 이와 같은 판례를 염두에 둔다면 사고 예방을 위해서는 학생의 자유도가 높아지는 자습 시간은 최소화하는 것이 바람직하고, 자습 시간을 주더라도 교사가 그 시간에 다른 업무를 보지 않고 학생들끼리 잡담을 하거나 돌아다니지 못하게 통제를 해야 한다고 생각한다.

이 판례는 교사에게 부모에 준하는 정도의 책임을 지우고 있다. 부모의 민사 책임에 대해 먼저 살펴보면, 이 사건에서 학생 B에게 상해를 가한 사람은 학생 C이지 학생 C의 부모가 아니다. 그런데도 학생 C의 부모에게 손해배상 책임이 발생한 것은 학생 C가 미성년자이고 C의 부모는 C를 감독할 법정의무가 있는 자이기 때문이다. 위의 손해배상 소송 1심 판례에서는 학생 C의 부모가 손해배상 책임을 져야 하는 이유를 다음과 같이 설명하고 있다.

미성년자가 책임능력이 있어 그 스스로 불법행위책임을 지는 경우에도 그 손해가 당해 미성년자의 감독의무자의 의무위반과 상당인과관계가 있으면 감독의무자는 일반 불법행위자로서 손해배상책임이 있는바, 위 상해행위 당시 학생 C는 만 15세로서 스스로 자기 행위에 대한 책임을 변식할 능력이 있었으나, 한편으로 당시 미성년의 고등학교 1학년 학생으로서 부모와 함께 살면서 부모들의 전적인 보호·감독 아래 있었으므로, 그 부모는 평소 자신의 자녀로 하여금 타인에게 해를 입힐 수 있는 행동을 하지 않도록 보호·감독하여야 할 의무가 있다고 할 것인데, 그 부모가 위와 같은 보호·감독 의무를 게을리함으로써 학생 C가 위와 같은 상해행위를 저지르게 되었다고 할 것이므로, 결국 학생 C의 아버지인 피고의 위와 같은 의무위반과 학생 B가 입은 손해 사이에는 상당인과관계가 있다.

물론 부모가 폭력에 무감각하면 자녀도 그럴 가능성이 높다. 그렇지만 학생 C의 부모가 그러했는지에 대한 증거는 없다. 또한 학생 C는 모범생이었던 것으로 보이며, 사건 당시 학생 C의 부모는 현장에 없었기 때문에 C의 상해행위를 막을 수도 없었고, 학생 C의 부모가 평소에 C에게 타인에게 해를 입힐 수 있는 행동을 하지 말라고 가정 교육을 했는지 등에 대한 조사 결과도 없는데 법원은 이와 같은 판단을 했다. 즉 학생 C의 부모는 단지 C의 부모이기 때문에 손해배상책임을 피할 수 없었다고 보아도 무방할 것이다.

그리고 학생 C의 부모가 대전광역시를 상대로 제기한 구상금 청구 소송 1심 판례에서는 교사의 학생 보호·감독 의무에 대해 다음과 같이 설명하고 있다.

지방자치단체가 설치·경영하는 학교의 교장이나 교사는 학생을 보호·감독할 의무를 지는 것이지만, 이러한 보호·감독의무는 교육법에 따라 학생들을 친권자 등 법정감독의무자에 대신하여 감독을 하여야 하는 의무로서 학교 내에서의 학생의 전생활관계에 미치는 것은 아니고, 학교에서의 교육활동 및 이와 밀접 불가분의 관계에 있는 생활관계에 한하여, 그 의무범위 내의 생활관계라고 하더라도 교육활동의 때와 장소, 가해자의 분별능력, 가해자의 성행, 가해자와 피해자의 관계, 기타 여러 사정을 고려하여 사고가 학교생활에서 통상 발생할 수 있다고 하는 것이 예측되거나 또는 예측가능성(사고발생의 구체적 위험성)이 있는 경우에 한하여 교장이나 교사는 보호·감독의무 위반에 대한 책임을 진다.

　　여기서 뒷부분의 '예측가능성'은 공무원인 교사의 중과실 판단 여부와 관련되므로, "교육활동 중 학교폭력이 발생해 학생이 상해를 입었다면, 국가에게 배상책임이 있는가?"라는 문제와 관련해서는 앞부분에 주목해야 할 것이다. 그것은 교육활동 중 교사의 보호·감독의무가 학생들을 부모 대신 감독해야 하는 의무라는 것이다. 그래서 학교의 교육활동 중에는 교사가 부모에 준하는 정도의 손해배상 책임을 져야 한다면 이 판례의 결과가 이해된다. 교사 A는 단지 사건 당시 학생 C의 담당 교사였기 때문에 국가는 손해배상 책임을 피할 수 없었던 것이다.

　　그리고 대전광역시가 교사 A를 상대로 제기한 구상금 청구 소송의 핵심은 교사 A의 행위가 경과실인지 중과실인지 판단하는 것이며, 그 기준은 다음과 같이 제시되었다.

「국가배상법」제2조 제1항 본문 및 제2항의 입법 취지는 공무원의 직무상 위법행위로 타인에게 손해를 끼친 경우에는 변제자력이 충분한 국가 등에게 선임 감독상 과실 여부에 불구하고 손해배상책임을 부담시켜 국민의 재산권을 보장하되, 공무원이 직무를 수행함에 있어 경과실로 타인에게 손해를 입힌 경우에는 그 직무수행상 통상 이야기할 수 있는 흠이 있는 것에 불과하므로, 이러한 공무원의 행위는 여전히 국가 등의 기관의 행위로 보아 그로 인하여 발생한 손해에 대한 배상책임도 전적으로 국가 등에만 귀속시키고 공무원 개인에게는 그로 인한 책임을 부담시키지 아니하여 공무원의 공무집행의 안정성을 확보하고, 반면에 공무원의 위법행위가 고의·중과실에 기한 경우에는 비록 그 행위가 그의 직무와 관련된 것이라고 하더라도 그와 같은 행위는 그 본질에 있어서 기관행위로서의 품격을 상실하여 국가 등에게 그 책임을 귀속시킬 수 없으므로 공무원 개인에게 불법행위로 인한 손해배상책임을 부담시키되, 다만 이러한 경우에도 그 행위의 외관을 객관적으로 관찰하여 공무원의 직무집행으로 보여질 때에는 피해자인 국민을 두텁게 보호하기 위하여 국가 등이 공무원 개인과 중첩적으로 배상책임을 부과하되 국가 등이 배상책임을 지는 경우에는 공무원 개인에게 구상할 수 있도록 함으로써 궁극적으로 그 책임이 공무원 개인에게 귀속되도록 하려는 것이라고 봄이 합당하다.

「헌법」제29조 제1항 본문과 단서 및 「국가배상법」제2조를 그 입법취지에 조화되도록 해석하면 공무원이 직무 수행 중 불법행위로 타인에게 손해를 입힌 경우에 국가나 지방자치단체가 국가배상책임을 부담하는 외에 공무원 개인도 고의 또는 중과실이 있는 경우에는 불법행위로 인한 손해배상책임을 지지만, 공무원에게 경과실이 있을 뿐인 경우에는 공무원 개인은 불법행위로 인한 손해배상책임을 부담하지 아니하고, 여기서 <u>공무원의 중과실이라 함은 공무원에게 통상 요구되는 정도의 상당한 주의를 하지 않더라도 약간의 주의를 한다면 손쉽게 위법·유해한 결과를 예견할 수 있는 경우임에도 만연히 이를 간과함과 같은 거의 고의에 가까운 현저한 주의를 결여한 상태를 의미한다.</u>

즉 '중과실'이 되려면 거의 고의에 가까운 현저한 주의를 결여한 상태가 되어야 한다. 그리고 이 판례를 보면 그 기준은 '예측 가능성'이다. 학생 C가 모범생이었다는 점, 평소 학생 B와 C의 사이가 특별히 나쁘지 않았다는 점, 당시 학급의 우호적 분위기가 적대적, 폭력적으로 변한 것은 1분도 되지 않았다는 점 등은 교사 A가 해당 사건을 예측할 수 없었다는 증거로 사용되었다. 그래서 결국 교사 A는 손해배상 책임을 지지는 않게 되었지만, 이 사건이 일어난 2014년부터 최종 판결이 난 2022년까지 총 9년을 법적 분쟁 가운데 고통받았다. 교사는 공무원이지만 동시에 이 나라의 국민인데 단지 눈앞에서 벌어진 학교폭력을 막지 못했다는 이유로 이러한 고통을 겪게 하는 것이 정당한지를 묻고 싶다.

어쨌든 이 사건을 통해 알 수 있는 것은 교사의 교육활동 중 학교폭력이 발생해 학생이 상해를 입으면 국가는 배상책임을 피하기 어렵다는 것이다. 그리고 교사는 경과실이면 배상책임을 피하고 중과실이면 배상책임을 지는데, 경과실로 판단되려면 해당 사건을 '예측할 수 없었다'는 점이 입증되어야 한다는 것이다.

19 학폭 피해학생 자살 사건

🔨 사실관계

① 2011년에 교사 A는 ○○중학교 2학년 13반 담임교사였고, 학생 B, C, D, E는 해당 학급 학생이었다. 학생 B의 부모는 2011년 4월 26일경, 교장실로 찾아가 B가 같은 반 학생인 C, D로부터 욕설을 듣고 폭행을 당했지만, C가 학교에서 속칭 힘 있는 학생으로 알려져 있으므로 B의 신고 사실을 C, D가 알면 B가 더 피해를 입을까봐 우회적인 방법으로 조사하여 적절한 조치를 해달라고 요구했다. 이러한 과정을 통해 사정을 알게 된 교사 A는 가해학생으로 지목된 C와 D를 과학실로 불러 훈계하고 친구들과 사이좋게 지내라고 주의를 주었다. 교장 등 학교 측과 생활지도부에서도 사태를 파악하고 있었으나 학생 B의 부모가 정식 징계 절차보다는 비공식적인 보호를 요청하는 것으로 이해하였고, 학생 B도 면담이나 진술서 작성을 거부했다.

② 그러나 학생 B의 어머니는 2011년 6월경, B가 같은 반 학생 E에게도 폭행을 당했으니 B가 더 폭행을 당하지 않도록 적절한 조치를 해달라고 교사 A에게 요청했다. 그 후 교사 A는 학생 B와 E를 교탁 앞으로 불러서 사실관계를 확인했다. 그러자 학생 E는 B와 싸웠다고 했고 이러한 E의 말에 B가 고개를 끄덕이자, 교사 A는 평소 둘이 장난치는 것을 자주 보아온 탓에 B와 E가 장난치고 싸운 것으로 상황을 이해하고 다음부터 싸우지 말라고 주의를 주었다. 그리고 교사 A는 점심시간 등에 그전보다 교실에 더 자주 들려 상황을 살폈다.

③ 그러나 학생 B의 어머니는 2011년 7월 8일경, 교사 A에게 전화해서 B가 여전히 C, E 등으로부터 주먹으로 머리를 반복적으로 맞았으며, "이유라

도 알게 C, E를 만나게 해달라. 안 되면 부모라도 만나게 연락처를 달라."
고 말했다. 그러나 교사 A는 연락처를 알려주거나 직접 만나게 해줄 수는
없다고 생각했고, 구체적이고 명확한 근거 없이 학생들에 대한 개별면담
을 실시할 경우 그 과정에서 학생 B가 피해를 입을 수도 있기 때문에 교
실에 자주 들러서 상황을 살피는 등의 조치만 취했다.

④ 그러나 학생 B의 아버지는 2011년 7월 14일경, 교사 A의 장모 장례식장
에 찾아와 학생 C, E 등이 여전히 학생 B를 괴롭힌다고 교사 A에게 적절
한 조치를 부탁했다. 그런데 교사 A는 가해학생으로 지목된 학생들을 불
러서 면담하거나 훈계하지도 않고, 가해학생, 피해학생, 제3의 학생들과
의 면담을 통하여 학교폭력 실태를 조사하지도 않았다. 교사 A는 학생 B
의 부모가 정식 징계 절차를 요구하지도 않은 상황에서 학생들의 상태를
주의 깊게 살펴보고 그 관계가 개선되도록 하는 것이 교육자의 입장에서
위 학생들을 위해 더 적절하다고 판단했다. 또한 2011년 7월 16일, ○○
중학교 학생들을 상대로 실시한 다요인인성검사 결과상으로 학생 B에
게 심리적, 행동적 문제가 있거나 자살가능성 및 대인공포증이 있었던
것으로 보이지 않아 교사 A는 자체적으로 이 문제를 해결할 수 있을 것이
라 판단했다.

⑤ 2학기 이후로는 학생 B의 부모가 위와 같은 요청을 하지 않았다. 그러나
학생 C, E 등은 이후로도 2011년 11월경까지 학생 B의 머리를 때리거나
어깨를 때리는 등 지속적으로 가해행위를 했다. 그리고 학생 B는 2011년
11월 18일 "그래 내 편은 아무도 없어. 그냥 죽으면 모든 게 끝이야. 진짜
세상 더러워서 못 살아. 꼽사리. 그래 나 꼽사리다. 그래서 이렇게 뒈질란
다. 학교 가기 싫어."라는 내용의 유서를 남기고 아파트 옥상에서 투신자
살했다. 한편 ○○중학교에서 4월, 6월에 실시한 학교폭력 설문조사에

학교폭력 관련 응답이 있었고, 교사 A는 그 조사결과를 학교관계자로부터 여러 차례 제출하도록 요청받았음에도 제출하지 않고 그냥 놔두었다가 학생 B의 자살 후 학교폭력이 문제되자 그때에서야 학교관계자에게 제출했다.

🔨 법원의 판결

제1심
• 서울남부지방법원 2014고단2171
• 유죄. 선고유예.

제2심
• 서울남부지방법원 2015노1145
• 무죄

🔨 판결 이유

1심

교사 A는 직무유기죄로 기소됐다. 공무원의 직무유기란 공무원이 법령, 내규 등에 의한 추상적 성실의무를 태만히 하는 일체의 경우에 성립하는 것이 아니라 직장의 무단이탈, 직무의 의식적인 포기 등과 같이 국가의 기능을 저해하고 국민에게 피해를 야기할 가능성이 있는 경우를 가리킨다. 교사 A의 행위는 6월까지만 해도 형식적이긴 하나 관련 법령에 따른 업무수행으로 평가할 수 있으나, 그 이후로 부모가 반복적으로 피해 신고를 하고 가해자 부모의 연락처까지 알려달라고 하는데도 학교폭력 사실관계를 조사하거나 「학교폭력법」에 따라 신고하여 학폭위 절차를 밟게 하지 않은 것, 학교폭력 설문조사 결과를 제출하지 않은 것은 의식적인 직무의 방임 또는 포기라고 인정할 수 있다. 따라서 교사 A의 직무유기죄를 인정하나, 중등 교육계의 현실 사정 등을 고려하여 선고를 유예한다.

(교사 A는 직무유기가 아니라고, 검사는 형량이 너무 가볍다고 항소했다.)

2심

교사 A는 학교폭력으로 학생 B가 자살할 것을 예상할 수 없었고, B에 대한 괴롭힘이 줄어들고 있다고 인식하면서 생활지도를 했으며, 직무를 의식적으로 방임하거나 포기한 적이 없다고 주장했다. 2심은 이러한 교사 A의 주장을 받아들였다. 학생 B의 부모가 정식 징계절차를 요구하지 않았다는 점, 인성검사 결과 학생 B에게 자살가능성이 없었다는 점 등을 고려하면 교사 A의 행위는 학교폭력 문제를 자체적으로 해결하려고 안일하게 판단한 데에 기인한 것일 뿐 직무에 관한 의식적인 포기라고 보기 어렵다는 것이다.

🏳️ 교사의 교육활동에 주는 함의

학교에서 담임교사로 근무하다 보면 담임 학급에서 학교폭력 사안이 발생하는 것은 매우 흔한 일이다. 1년에 한 번도 발생하지 않았다면 정말 운이 좋은 해일 정도이다. 그리고 2011년은 「학교폭력법」이 제정된 지 얼마 안 된 시기로, 교사들이 학교폭력 신고 의무를 명확히 인지하지 못하고 있던 시기였다. 그러한 상황에서 학급에 학교폭력이 발생했다는 것을 알게 되었을 때, 어떤 담임교사는 가해학생을 심하게 혼냈지만 어떤 담임교사는 이 판례의 교사 A처럼 행동했다. 수사권이 없는 교사의 사안 조사에 한계가 있을 수밖에 없는데 사실관계가 명확하지 않은 상황에서 가해학생을 심하게 혼내면 그가 앙심을 품고 피해학생에게 2차가해를 하는 것을 막을 방법이 없기 때문이다. 더군다나 학생 B의 부모가 처음에 신고 사실이 알려지지 않게 해 달라고 부탁을 했고, 끝까지 정식 징계 절차를 요구하지 않았다. 그러한 상황에서 교사 A는 자주 교실에 모습을 비추어 대놓고 학교폭력을 하지 못하게끔 하는 것이 자신이 할 수 있는 전부라고 생각했을지도 모르겠다. 교사 A 의 행위가 최선이었다고 할 수는 없지만, 그렇다면 담임교사가 학교폭력 사 안에 어떻게 대처해야 하는지가 모호한 시기였다.

지금과 같은 상황에서 학급에서 비슷한 사안이 발생한다면 본 판례의 학 부모가 원하는 것처럼 갈등을 드러내지 않으면서도 문제가 해결되는 마법 같은 방법은 없다고 학부모에게 말해야 한다. 학급 학생들 사이에 갈등이 발 생했을 때, 매우 사소하고 사실관계가 명확하며 가해학생이 인정하는 경우 에는 담임교사가 가해학생이 잘못을 인지하고 피해학생에게 사과하도록 생 활지도만 하고 끝낼 수 있다. 그렇지만 사실관계가 명확하지 않아 가해학생, 피해학생, 제3자 학생까지 조사를 해야 하는 경우에는 학부모가 학교폭력 으로 신고해야 한다.

20 교사 자녀가 가해학생으로 지목된 사건

🔨 사실관계

① 2021년 ○○초등학교의 원어민교사였던 A는 당시 3학년 □반을 가르쳤는데, 해당 반의 남학생은 학생 B, C 포함 6명이었고, 교사 A는 학생 C의 어머니였다. 학생 B는 C가 2021년 3월경부터 2022년 6월 2일경까지 자신에게 "뚱뚱하다", "너 뚱뚱해서 옷이 작아 배가 다 들어가냐" 등의 신체 비하 발언을 했고, C가 자신을 다른 학생들과 어울리지 못하게 하고 자신을 제외한 나머지 친구들만 집으로 초대하는 등으로 자신을 따돌렸다고 주장했다. 그러나 학생 C는 B도 자신에게 키가 작다고 놀린 적이 있다고 주장했다. 또한 학생 B의 어머니는 교사 A가 B를 제외한 나머지 친구들만 집으로 초대하는 등으로 따돌림을 부추기거나 방조했다고 주장했다.

② 학생 B의 어머니는 2021년 12월 6일경, 3학년 □반 담임교사에게 B가 C와 함께 지내기를 원했는데 C가 B와 놀기를 거부하였고 B가 학교에서 같이 놀 친구가 없어 등교를 거부한다는 내용의 이메일을 보냈다. 그리고 교사 A는 2022년 7월경, 학생 B의 어머니에게 B의 부모의 마음을 헤아리지 못한 것에 대해 사과한다는 내용의 편지를 보냈다. 그리고 2022년 7월 2일, ○○초등학교 교장실에서 교장, 교직원, 학생 B의 부모, 학생 C의 부모가 참석한 가운데 학생 B와 C의 학교생활에서의 갈등에 관한 내용으로 회의를 했고, 교사 A는 참석자들에게 알리지 않고 비밀리에 이를 녹음하여 재판의 증거자료로 제출하였다.

③ 또한 2022년 8월 2일경, 학생 B의 부모와 ○○초등학교 교장 사이에 '교사 A와 학생 C가 2021년 3월경부터 2022년 6월 2일경까지 학생 B를 놀

림, 신체 비하, 집단따돌림 사건'과 관련하여 교장이 학생 B에게 진심 어린 사과를 하고, 학생 B를 교사 A 및 학생 C와 분리조치하며, 교장이 학생 B에게 심리치료 및 위자료 명목으로 금원을 지급한다는 내용의 합의서를 작성하였다. 그리고 학생 B는 2022년 8월 19일경, 정신과 의사로부터 '적응장애' 진단을 받았고, '학교에서의 갈등으로 인해 불안, 우울감이 증가한 상태로 3~6개월간의 심리치료 및 놀이치료 등이 필요할 것으로 판단된다'는 소견을 받았다. 따라서 학생 B는 2022년 9월 21일부터 12월 7일까지 11회에 걸쳐 미술심리치료를 받았다. 학생 B의 부모는 학생 C의 부모를 상대로 5,000만 원의 손해배상을 하라는 소송을 제기했다.

법원의 판결

원고: 학생 B, 피고: 학생 C의 부모

제1심
• 서울서부지방법원 2022가단253949
• 원고 패소

판결 이유

학생 B의 청구를 모두 기각한다. 그 이유는 다음과 같다. 학생 B는 학생 C가 자신을 지속적으로 놀리고 신체 비하를 하는 등 언어폭력을 행사했다고 주장하지만, 구체적인 장소나 일시, 횟수를 특정하지 못하고 있고 충분한 증거를 제출하지 못했다. 또한 학생 B는 학생 C가 자신을 따돌렸다고 주장하지만 「학교폭력법」에 따르면 '따돌림'은 2명 이상의 학생들이 특정 학생을 지속적, 반복적으로 신체적, 심리적 공격을 하는 행위를 의미하는데, 학생 C를 포함한 2인 이상의 학생들이 학생 B에게 그와 같은 행위를 했다는 증거가 없다. 또한 교사 A가 학생 B를 배제하고 나머지 학생들만을 집으로 초대하는 등의 행위를 하였음을 인정할 만한 증거가 없다. 학생 B의 부모는 2022년 7월경 학생 C의 부모가 보낸 사과 편지를 증거로 제출했으나, 편지 내용에 학생 C의 행위에 관한 사과 내용은 포함되어 있지 않다. 또한 학생 B의 부모는 2022년 8월 2일경 교장과의 합의서를 증거로 제출했으나, 합의 당사자가 교사 A나 학생 C가 아니고 그들의 구체적 행위가 명시되어 있지 않다. 또한 교사 A의 녹음은 대화 당사자 사이의 녹음으로서 「통신비밀보호법」을 위반한 것이 아니다.

⚖ 교사의 교육활동에 주는 함의

교사가 학교에 재직하면서 자신의 자녀가 학교폭력 가해학생으로 지목된 상황이다. 피해학생 부모가 교사를 상대로 손해배상 소송을 제기하였으나 증거 부족으로 패소하였다. 피해학생 부모는 교사 A의 사과편지와 교장과의 손해배상합의서를 증거로 제시했으나, 학생 B가 학교폭력을 당한 장소와 시간, 횟수 등을 특정하는 증언을 하지 못했다. 서로 성격이 맞지 않아 같이 놀지 않은 정도로는 학교폭력이 성립하지 않는다. 교사 A는 억울함을 풀기 위해 회의 녹음을 했던 것으로 보인다. 갈등이 있는 상대방에게 녹음 사실을 알리지 않더라도 당사자 간의 녹음은 「통신비밀보호법」을 위반한 것이 아니다.

21 플라잉디스크 사건

🔨 사실관계

    2011년에 ○○중학교 체육교사였던 A는 2011년 4월 13일, 2학년 7반 학생들에게 체육수업을 실시하였는데, 그중 10여 명의 학생들에 대하여는 축구 수행평가를 실시하면서 감독을 하고, 위 수행평가를 마친 학생들에게는 플라잉디스크 연습을 하도록 지시했다. 당시 2학년 7반 학생이었던 B와 C는 플라잉디스크 연습을 했는데, 그 과정에서 C가 B에게 플라잉디스크를 줄 듯 말 듯 장난을 치다가 B와 약 1.5m 정도 떨어진 거리에서 B의 얼굴 쪽으로 날려 B의 왼쪽 눈에 맞게 하여 눈꺼풀에 찰과상 등을 입게 하였다. 학생 C는 이 사건·사고로 인하여 소년재판(의정부지방법원 2012푸819 소년보호사건)을 받았고 「소년법」 제32조 제1항 제1,2호 처분을 받았다.

🔨 법원의 판결

    원고: 학생 B, 피고: 학생 C, 교사 A, 경기도

제1심	• 의정부지방법원 2011가단65334 • 학생 C의 책임만 인정
제2심	• 의정부지방법원 2014나5266 • 학생 C, 교사 A, 경기도의 책임 모두 인정
제3심	• 의정부지방법원 2014다82361 • 학생 C의 책임만 인정

⚖️ 판결 이유

1심

학생 C의 행위는 학생 B에 대한 불법행위이고, C는 이 사건·사고 당시 중학교 2학년 학생으로서 자기 행위에 대한 책임을 충분히 변식할 능력이 있었으므로 C는 B에게 이 사건·사고로 인하여 B가 입은 손해를 배상할 책임이 있다. 따라서 학생 C는 B에게 치료비와 위자료 명목으로 약 600만 원을 지급할 의무가 있다. 그러나 교사 A에게 이 사건·사고에 대한 보호·감독의무 위반의 책임을 묻기 어렵고, 이를 전제로 하는 경기도의 책임도 인정하기 어려우며, 그 이유는 다음과 같다.

① 플라잉디스크 교육은 중학교 교육과정에 따라 계획적으로 행하는 교육활동으로서 교사 A는 플라잉디스크로 수업을 진행하기 전에 학생들에게 주의사항을 반복해서 전달하였고, 특히 안전사고 위험이 높은 가까운 거리에서 던지는 행위와 세로로 던지는 행위를 금지시켰다.

② 학생 C는 이 사건·사고 당시 중학교 2학년 학생으로서 충분한 사리분별 능력이 있었던 것으로 보인다.

③ 이 사건·사고 이전에 학생 C가 B와 관계가 나빴다거나 학교에서 문제를 일으킨 전력도 없고 이 사건·사고로 인하여 「소년법」상 보호처분 중 가장 경미한 처분을 받았다는 점을 고려해보면 이 사건·사고가 학교생활에서 통상 발생할 수 있다고 예측되는 '예측가능성'이 있다고 보기 어렵다.

(학생 B는 학생 C, 교사 A, 경기도 모두 약 2,000만 원가량 손해배상하게 해달라고, 학생 C는 배상 금액을 약 240만 원 정도로 줄여달라고 항소했다.)

2심

학생 C뿐만 아니라, 교사 A와 경기도도 학생 B에게 치료비와 위자료 명목으로 약 600만 원을 지급할 의무가 있다. 교사 A와 경기도의 책임을 인정하는 이유는 다음과 같다.

① 이 사건·사고는 학교 운동장에서 정규 수업시간인 체육 수업 중에 발생하였다.
② 당시 수업을 받는 학생들은 중학교 2학년생으로서 아직 충분히 성숙하지 않았으므로 지도교사는 학생들을 가까이에서 관찰하며 안전사고가 발생하지 않도록 감독할 의무가 있음에도 불구하고, 교사 A는 축구 수행평가와 플라잉디스크 연습을 동시에 진행하는 것으로 수업시간을 편성하였을 뿐만 아니라, 플라잉디스크 연습을 하는 학생들에게는 일반적인 주의사항만 전달하고 축구 수행평가 감독을 함으로써 이들에 대한 감독의무를 소홀히 하였다.

(학생 B와 교사 A, 경기도는 상고했다.)

3심

교사 A와 경기도는 손해배상 책임이 없다. 중학교 2학년은 충분한 분별능력이 있는 나이이고, 학생 C는 이 사건·사고 이전에 B와 관계가 나빴다거나 학교에서 문제를 일으킨 전력이 없었다. 이러한 학생 C의 분별능력과 성행, 학생 B와의 관계, 사고발생의 때와 장소 등을 고려할 때, 교사 A는 학생이 교사의 사전지시에 따르지 않고 갑작스럽게 장난을 치다가 발생한 이 사건·사고를 예측하였거나 예측할 수 있었다고 보기 어렵다. 교사 A가 중학교 2학년생에 대하여 축구 수행평가와 플라잉디스크 연습을 동시에 진행하는 것으로 수업시간을 편성하였다는 사정만으로는 이 사건·사고의 발생에 대한 구체적 위험성이 있다고 할 수 없다. 따라서 이 사건·사고는 돌발적이거나 우연한 사고로서 교사들에게 보호·감독의무 위반의 책임을 물을 수 없다.

✐ 교사의 교육활동에 주는 함의

이 판례에서 체육교사인 A는 플라잉디스크 연습으로 발생할 수 있는 안전사고에 대비해 가까운 거리에서 던지는 행위와 세로로 던지는 행위는 하지 말라고 사전에 충분히 주의를 주었다. 그리고 축구 수행평가를 진행하면서 수행평가를 끝낸 학생들은 플라잉디스크 연습을 하도록 했던 것으로 보인다. 수업 시간에 교사는 학급 학생들 전체를 대상으로 강의를 하거나 시범을 보이기도 하지만, 학생들의 개별 수행을 봐주기도 하며 이 경우에는 한 번에 한 명밖에 볼 수 없다. 한 명씩 축구 수행평가를 하는 상황에서 수행평가가 끝난 학생들에게 무작정 기다리며 시간을 버리기보다 교육과정에 있는 체육 활동 연습을 하라고 한 것은 학생들 입장에서 시간을 효율적으로 활용할 수 있는 합리적인 선택이다. 이 판례에서는 교사와 국가 모두 책임이 없는 것으로 보았다. 이러한 결과를 위해서는 교사가 수업 시간 중 특정 활동으로 인해 안전사고가 일어날 수도 있다는 생각이 든다면 학생들에게 사전에 여러 번 주의를 주는 것이 필요하다.

22 점심시간 장난으로 인한 뇌진탕 사건

사실관계

2019년 1월 당시 교사 A는 ○○초등학교 6학년 □반의 담임교사였고, 학생 B, C는 해당 반 학생이었다. 학생 B는 2019년 1월 31일 점심시간에 교실 앞 복도에서 학생 C의 에그(휴대용 와이파이 공유기)를 가지고 친구들과 장난을 치면서 C에게 돌려주지 않았다. 학생 C는 이를 이유로 B의 목 부분을 밀었고 B가 뒤로 넘어지면서 복도 바닥에 머리를 찧어 얼굴과 뇌 부분 뼈가 부러지고 순간 의식을 잃는 뇌진탕 등의 상해를 입었다.

법원의 판결

원고: 학생 B, 피고: 학생 C와 그의 부모, 교사 A

 제1심
- 서울중앙지방법원 2019가단112444
- 학생 C와 그의 부모의 책임만 인정

판결 이유

학생 C가 B를 상대로 물리력을 행사하여 B에게 상해를 입힌 행태는 불법행위에 해당하고, 학생 C의 부모는 미성년자인 C가 타인에게 위해를 가하지 않고 정상적으로 학교생활을 영위할 수 있도록 지도·교양하고 감독할 1차적 의무를 부담하는 친권자로서 그 의무를 충실히 이행하지 못한 잘못이 있다. 학생 C와 그의 부모는 B에게도 해당 폭력사고를 유발한 과실이 있으므로 손해배상 책임을 제한해야 한다고 주장하지만, 학생 B와 C의 나이, 관계 등을 고려하면 B의 행동이 C의 폭력을 유발하거나 정당화할 정도로 비난 가능성이 있는 잘못된 행태라고 보기 어렵다. 따라서 학생 C와 그의 부모는 치료비와 위자료 명목으로 약 720만 원가량 B에게 손해배상을 할 의무가 있다.

그러나 교사 A는 손해배상 책임이 없다. 교사 A가 담임교사로서 학생들의 교내생활 관련 지도·감독의무를 갖고 있고, 이 사건 폭력사고가 학교 일과 시간에 교내에서 발생하기는 하였으나, ① 학생 B와 C는 초등학교 6학년생으로 저학년생에 비해 학교생활 전반에 관한 교사의 지도·감독이나 개입이 덜 요구되는 점, ② 이 사건 폭력사고가 발생한 때는 수업 시간이 아닌 점심시간이므로 교사가 학생들의 행동을 일일이 통제하기 쉽지 않은 점, ③ 학생 C가 평소 폭력적 성향을 보였다거나 B와 사이가 나빴다는 등의 정황은 찾을 수 없는 점, ④ 학생 C의 B에 대한 물리력 행사는 단시간 내에 갑자기 일어났고, 그로 인해 교사 A가 학생 C의 행동을 막기는 어려웠을 것으로 보이는 점, ⑤ 교사 A가 이 사건 폭력사고를 인지한 후에 학생 B의 상태를 확인하고 조퇴 조치를 하는 등으로 대처한 점 등을 고려하면 교사 A가 돌발적이고 우연히 발생한 이 폭력사고를 막지 못하였다는 이유로 보호·감독의무 위반의 책임을 묻기는 어렵다.

⚖️ 교사의 교육활동에 주는 함의

점심시간, 쉬는 시간에는 학생들 사이에 사건·사고가 많이 발생한다. 수업 시간과 달리 학생들이 자유롭게 돌아다니고 이를 교사가 한눈에 보면서 통제할 수 없기 때문이다. 이 판례를 보면 법원도 이를 참작하여 수업 시간에 비해 점심시간에 발생한 사고에 대한 교사의 책임은 덜 묻는 것으로 보인다. 물론 교사의 점심시간은 근무시간이기 때문에 초등의 경우 교사가 교실에 함께 있고, 중등의 경우 돌아가면서 순회지도를 한다. 그렇다고 해도 교사가 막기 어려운 점심시간에 일어난 돌발적인 사고에 대해 법원은 교사에게 손해배상 책임을 묻지 않았다.

23 사물함 점프 사건

⚖️ 사실관계

2019년에 교사 A는 ○○초등학교 6학년 1반의 담임교사였고, 학생 B, C는 해당 반 학생이었다. 학생 C는 2019년 12월 24일 오후 12시 30분경, 교실 사물함 위에 올라간 다음 교실 바닥에서 다른 친구들과 앉아 놀고 있는 B 쪽으로 뛰어내리는 바람에 B의 얼굴이 교실 바닥에 부딪혀 앞니 2개가 부러지는 상해를 입게 되었다. 그리고 학생 B는 C가 2017년(초등학교 4학년)부터 2021년 6월경(중학교 2학년)까지 B를 시도 때도 없이 주먹으로 툭툭 치는 등 폭행하고 금품을 갈취했다고 주장했으나 이를 입증하는 증거를 제출하지 못했다.

⚖️ 법원의 판결

원고: 학생 B와 그의 부모, 피고: 학생 C, 교사 A

 • 울산지방법원 2022가단100928
• 원고 패소

⚖️ 판결 이유

학생 B와 C가 교실에서 장난을 치던 중 부딪쳐 이 사건·사고가 발생한 사실은 인정할 수 있으나, 이를 넘어서 학생 C가 고의로 B에게 상해를 가했다거나 그 외의 폭행 및 금품 갈취를 인정하기에는 증거가 부족하다. 학생 C에게 과실은 있으나, 미성년자가 타인에게 손해를 가한 경우에 그 행위의 책임을 변별하여 인식할 능력이 없는 때에는 손해배상 책임이 없는데, 이 사건·

사고 당시 학생 C는 초등학교 6학년에 재학 중인 만 12세 전후의 미성년자였고 대체로 중학교 입학 연령에 이르는 시점부터 책임능력을 갖춘다고 보는 것이 사회통념에 부합하기 때문에 학생 C에게는 책임능력이 없다.

그리고 교사 A의 책임에 대해서는 이 사건·사고가 학교에서 일과 시간 내에 발생하였다고 하더라도 학생 B와 C의 관계, 장소 및 시간, 불법행위의 종류, 이 사건·사고 이후 교사가 취한 조치 등을 종합하면 교사 A가 주의의무를 위반하였다고 인정할 수 없다.

⚖️_ 교사의 교육활동에 주는 함의

이 판례의 사건도 시간상 점심시간에 일어난 사고였을 것으로 생각된다. 이 판례에서는 학생 C의 책임도 인정되지 않았는데, 이를 유사한 22번 판례와 비교해보면 학생 C뿐만 아니라 학생 C의 부모를 대상으로 소송을 걸었다면 미성년자의 불법행위로 인한 부모의 책임은 인정받지 않았을까 하는 생각이 든다. 또한 22번 판례에 비해 증거가 부족하기도 했다. 이 판례를 통해 학교에서 일과 시간 내에 발생한 사고라고 해도 교사가 주의의무를 위반했음을 입증하는 증거가 없다면 교사의 책임이 인정되지 않는 것을 알 수 있다.

Chapter 3

현장체험학습에서 학생의 안전을 위해 교사에게 사전 교육과 철저한 관리가 요구된다. 하지만 사고가 발생하면 교사의 책임이 더 크게 인정되며, 교사의 과실 여부에 따라 국가나 교사 개인에게 배상 책임이 부과된다. 교사가 사전 안전교육을 철저히 해도 사고가 나면 책임을 피하기 어려운 상황인 것이다. 따라서 현장체험학습 실시에 있어 교사의 의무를 명시하고, 그 의무를 지켰을 경우에는 교사의 법적 부담을 줄이는 제도 개선이 필요하다.

현장체험학습 중 발생한
사고의 책임을 묻는 경우

현장체험학습 관련 판례들을 검토한 결과, 일단 현장체험학습 중 학생에게 사고가 발생하면 「국가배상법」에 따라 그 학교가 소속된 지방자치단체, 즉 국가는 책임을 면하기 어렵다. 그리고 판결문에는 이 사고가 교사의 과실로 인한 것이라고 기재된다. 이 장에 수록된 판례들은 모두 교사의 과실을 인정했다. 앞의 교내 교육활동 중에서 벌어진 사고에 대해서는 교사의 과실을 인정하지 않는 판례가 더 많았던 것과 비교하면 현장체험학습 중에 벌어진 사고에 대해서 교사의 책임이 더 무겁다는 것을 확인할 수 있다. 그다음으로는 교사의 과실이 '경과실'인지, '중과실'인지 판단이 필요하고, 경과실이면 국가에만 책임을 묻고 중과실이면 교사 개인에게도 책임을 묻는다. 또한 교사의 책임으로 인해 국가배상 판결이 나면 국가는 교사 개인을 상대로 구상권 청구 소송을 할 수 있다. 교사 입장에서는 이 사고가 왜 교사의 과실인지 납득하기 어려운 측면이 많으나, 부모의 책임을 묻는 경우에도 유사하게 기록된다는 점에 미루어 짐작해보면 교육활동 중 일어난 사고에 대해서는 교사에게 부모에 준하게 책임을 묻는다고 생각하면 될 것이다.

교사가 사전에 안전교육을 해도, 사제동행 원칙하에 학생들의 활동에 함께해도, 밤 12시까지 취침지도를 해도, 학생들에게 식사지도를 하고 그 후에 식사를 해도 일단 사고가 발생하면 국가배상으로 이어지는 교사의 책임은 피할 수 없다. 형식적인 안전교육은 교사의 책임을 면하는 근거가 되지 않으며, 교사가 진심을 담아 안전교육을 해도 학생들은 한 귀로 듣고 한 귀로 흘릴 수 있는데 이런 부분을 법원은 고려하지 않는다. 또한 외부 업체에 위탁을 한다고 해도 교사의 책임은 사라지지 않는다. "현장체험학습에서는 학생들이 해이해지고 들뜨기 쉽기 때문에 교사의 지도·감독의무가 평소보다 더 무겁다"는 표현은 판결문에 반복적으로 등장한다. 물론 학생의 안전을 위해서 교사는 사전에 안전교육을 하고, 가능한 한 사제동행하며 학생들을 위험으로부터 보호하기 위해 힘써야 할 것이다. 그렇지만 그렇게 하더라도 사고는 발생할 수 있고, 사고 후에 '이렇게 했으면 사고를 피할 수 있었을 텐데'라는 이유로 그 사고는 교사의 책임이 된다.

이러한 상황에서 교사들이 현장체험학습을 꺼리는 것은 자연스러운 일이다. 물론 현장체험학습에는 교육적 의의가 있다. 같이 여행을 떠나면 학생들 간에, 또 교사와 학생 간에 친밀감이 더해지고 이는 학생들에게 잊지 못할 추억으로 남기도 한다. 또한 추상적인 내용을 실제로 경험하게 한다는 측면에서도 체험학습의 의의가 있다. 신라의 역사를 글과 사진으로만 본 것보다 경주의 유물을 실제로 보았을 때 더 생생하게 느껴질 수 있다. 그렇지만 현재의 현장체험학습에서는 학습 내용과의 연결성이 그다지 드러나지 않기도 하고, 따돌림 등 학교폭력이 시작되기도 한다. 더군다나 현장체험학습 중 사고가 발생하면 어떻게 노력해도 교사의 책임을 피하기 어려운 현 상황에서는 교육적 목적을 먼저 설정하고 그것을 달성하기에 현장체험학습의 방법밖에 없는지 검토해서 그러한 경우가 아니라면 가능한 교내의 다른 활동을 하는 식으로 하여 관습적으로 시행되는 현장체험학습은 실시하지 않는 것이 교사를 법적 책임으로부터 보호하는 최선의 방법이다. 그렇지만 만약 현장체험학습이 꼭 필요하다는 사회적 합의가 이루어진다면 현장체험학습 실시에 있어 교사의 의무를 명시하고 그 의무를 지켰을 경우에는 민·형사상 책임을 면하게 해주는 면책권 조항이 신설되는 것이 필요하다고 생각한다.

이 장에서 적용된 법률 조항

민법

제750조(불법행위의 내용) 고의 또는 과실로 인한 위법행위로 타인에게 손해를 가한 자는 그 손해를 배상할 책임이 있다.

제753조(미성년자의 책임능력) 미성년자가 타인에게 손해를 가한 경우에 그 행위의 책임을 변식할 지능이 없는 때에는 배상의 책임이 없다.

제755조(감독자의 책임) ① 다른 자에게 손해를 가한 사람이 제753조 또는 제754조에 따라 책임이 없는 경우에는 그를 감독할 법정의무가 있는 자가 그 손해를 배상할 책임이 있다. 다만, 감독의무를 게을리하지 아니한 경우에는 그러하지 아니하다.

제758조(공작물 등의 점유자, 소유자의 책임) ① 공작물의 설치 또는 보존의 하자로 인하여 타인에게 손해를 가한 때에는 공작물점유자가 손해를 배상할 책임이 있다. 그러나 점유자가 손해의 방지에 필요한 주의를 해태하지 아니한 때에는 그 소유자가 손해를 배상할 책임이 있다.

국가배상법

제2조(배상책임) ① 국가나 지방자치단체는 공무원 또는 공무를 위탁받은 사인(이하 "공무원"이라 한다)이 직무를 집행하면서 고의 또는 과실로 법령을 위반하여 타인에게 손해를 입히거나, 「자동차손해배상 보장법」에 따라 손해배상의 책임이 있을 때에는 이 법에 따라 그 손해를 배상하여야 한다. …

② 제1항 본문의 경우에 공무원에게 고의 또는 중대한 과실이 있으면 국가나 지방자치단체는 그 공무원에게 구상(求償)할 수 있다.

제3조(배상기준) ① 제2조 제1항을 적용할 때 타인을 사망하게 한 경우(타인의

신체에 해를 입혀 그로 인하여 사망하게 한 경우를 포함한다) 피해자의 상속인(이하 "유족"이라 한다)에게 다음 각 호의 기준에 따라 배상한다.

1. 사망 당시(신체에 해를 입고 그로 인하여 사망한 경우에는 신체에 해를 입은 당시를 말한다)의 월급액이나 월실수입액(月實收入額) 또는 평균임금에 장래의 취업가능기간을 곱한 금액의 유족배상(遺族賠償)

2. 대통령령으로 정하는 장례비

⑤ 사망하거나 신체의 해를 입은 피해자의 직계존속(直系尊屬)·직계비속(直系卑屬) 및 배우자, 신체의 해나 그 밖의 해를 입은 피해자에게는 대통령령으로 정하는 기준 내에서 피해자의 사회적 지위, 과실(過失)의 정도, 생계 상태, 손해배상액 등을 고려하여 그 정신적 고통에 대한 위자료를 배상하여야 한다.

제5조(공공시설 등의 하자로 인한 책임) ① 노로·하천, 그 밖의 공공의 영조물(營造物)의 설치나 관리에 하자(瑕疵)가 있기 때문에 타인에게 손해를 발생하게 하였을 때에는 국가나 지방자치단체는 그 손해를 배상하여야 한다. …

학교안전사고 예방 및 보상에 관한 법률

제2조(정의) 이 법에서 사용하는 용어의 정의는 다음과 같다.

4. "교육활동"이라 함은 다음 각 목의 어느 하나에 해당하는 활동을 말한다.

가. 학교의 교육과정 또는 학교의 장(이하 "학교장"이라 한다)이 정하는 교육계획 및 교육방침에 따라 학교의 안팎에서 학교장의 관리·감독하에 행하여지는 수업·특별활동·재량활동·과외활동·수련활동·수학여행 등 현장체험활동 또는 체육대회 등의 활동

제39조(유족급여) ① 유족급여는 피공제자가 학교안전사고로 인하여 사망한 경우에 「국가배상법」 제3조 제1항 제1호에서 정한 금액 및 같은 법 제3

조 제5항에서 정한 위자료를 피공제자의 상속인에게 지급하되, 사실상 혼인관계에 있던 사람을 포함하여 지급한다.

제40조(장례비) ① 장례비는 피공제자가 학교안전사고로 인하여 사망한 경우에 「국가배상법」 제3조 제1항 제2호에서 정한 평균임금의 100일분을 그 장례를 행하는 자에게 지급한다.

아동복지법

제17조(금지행위) 누구든지 다음 각 호의 어느 하나에 해당하는 행위를 하여서는 아니 된다.

   6. 자신의 보호·감독을 받는 아동을 유기하거나 의식주를 포함한 기본적 보호·양육·치료 및 교육을 소홀히 하는 방임행위

제71조(벌칙) ① 제17조를 위반한 자는 다음 각 호의 구분에 따라 처벌한다.

   2. 제3호부터 제8호까지에 해당하는 행위를 한 자는 5년 이하의 징역 또는 5천만원 이하의 벌금에 처한다.

형법

제51조(양형의 조건) 형을 정함에 있어서는 다음 사항을 참작하여야 한다.

   1. 범인의 연령, 성행, 지능과 환경
   2. 피해자에 대한 관계
   3. 범행의 동기, 수단과 결과
   4. 범행 후의 정황

제59조(선고유예의 요건) ① 1년 이하의 징역이나 금고, 자격정지 또는 벌금의 형을 선고할 경우에 제51조의 사항을 고려하여 뉘우치는 정상이 뚜렷할 때에는 그 형의 선고를 유예할 수 있다. 다만, 자격정지 이상의 형을 받은 전과가 있는 사람에 대해서는 예외로 한다.

의사상자 등 예우 및 지원에 관한 법률

제2조(정의) 이 법에서 사용하는 용어의 정의는 다음과 같다.

1. "구조행위"란 자신의 생명 또는 신체상의 위험을 무릅쓰고 급박한 위해에 처한 다른 사람의 생명·신체 또는 재산을 구하기 위한 직접적·적극적 행위를 말한다.
2. "의사자(義死者)"란 직무 외의 행위로서 구조행위를 하다가 사망하여 보건복지부장관이 이 법에 따라 의사자로 인정한 사람을 말한다.

제5조(인정신청 등) ③ 시장·군수·구청장은 … 관할 구역 안에서 구조행위가 있었다는 사실을 알게 된 때에는 직권으로 시·도지사를 거쳐 보건복지부장관에게 의사상자 인정 여부의 결정을 청구할 수 있다.

해수욕장 안전관리에 관한 지침

제11조(안전관리요원) ① 관리청은 해수욕장 개장기간 중 안전관리 및 인명구조 활동을 위해 해수욕장 규모, 이용객 수, 위험도 등을 감안하여 적정한 수의 안전관리요원을 확보·배치하여야 한다.

② 안전관리요원은 다음 각 호의 자격을 보유하여야 한다. 다만, 미 자격자 중 관리청이 지정하는 자는 자격자의 보조요원으로서 안전관리 임무를 수행할 수 있다.

1. 법령에 따른 인명구조 자격
2. 「수상레저안전법」에 따른 조종면허 자격(단, 동력수상레저기구 운용 시에 한함)

24 장난감 화살 사건

🔍_사실관계

① 2017년에 교사 A는 ○○초등학교 6학년 1반 담임교사였고, 학생 B, C는 해당 학급 학생이었다. ○○초등학교에서는 5, 6학년을 대상으로 2017년 7월 13일부터 14일까지 1박 2일간 경기도 과천, 수원 등을 여행하는 현장체험학습을 실시했고, 학생 B, C를 비롯하여 당시 ○○초등학교 5, 6학년에 재학 중이던 약 20여 명이 이에 참석했으며, 교사 A와 교감 등을 포함하여 총 4명이 인솔 교사로 동행하였다. 당시 13일 일정표는 다음과 같다.

08:00	○○초등학교에서 출발
11:30~15:00	과천과학관 도착, 점심 식사, 과학관 내 체험 활동 및 관람
15:00~17:00	수원 화성 행궁 관람
17:00~19:00	수원에 위치한 숙소로 이동, 방 배정, 저녁식사
19:00~21:00	수원 야구장에서 야구 관람
21:00~22:00	숙소로 돌아가 수면 준비, 명상 시간
22:00	수면

그런데 학생 C는 2017년 7월 13일 오후에 방문한 과천과학관에서 같은 반 친구 D에게 점심값으로 돈을 바꿔줘서 고맙다며 장난감 활 세트(활 1개, 화살 5개)를 선물로 사주었다. 위 활 세트는 50cm 정도의 크기로 속이 보이는 비닐봉지에 들어 있었는데, D는 이후 계속 보이는 상태로 들고 다녔으나 교사 A는 별다른 조치를 취하지 않았다.

② ○○초등학교 교사들은 2017년 7월 13일 밤 10시에서 12시까지 학생들에게 취침 지도를 하고 다니기는 했으나, 그 직후에도 불이 그대로 켜진

방들이 있었고, 학생들 일부는 12시가 넘었는데도 불을 그대로 켜둔 채로 방 안이나 샤워실 등에서 떠들고 놀면서 자지 않았다. 그중 한 숙소에서 학생 B, C, D 등이 취침을 하기로 되어 있었는데, 학생 D는 2017년 7월 14일 오전 12시경 무렵까지 휴대폰 게임 등을 하다가 배터리도 떨어지고 지겨워지자, C에게 선물받은 장난감 활 세트를 꺼내서 상단에 고무패킹이 붙어 있는 나무로 된 장난감 화살을 장난감 활에 끼워 벽이나 장롱에 맞췄고, 학생 B는 베개로 몸을 가린 채 옆에 서서 구경을 하며 놀고 있었다. 그런데 학생 C가 장난감 화살들 중 1개를 가지고 가 상단의 고무패킹을 제거한 후 자신이 가져와 소지하고 있던 커터칼로 끝을 깎은 다음 이를 D가 가지고 놀던 활에 끼워 B를 향해 겨누었고, B는 베개로 자신의 얼굴을 가렸다. 그러자 학생 D가 C에게 "뾰족한 화살로 사람을 쏘면 다친다. 하지 말라."고 말하였으나, C는 멈추지 않았고 계속 B를 향해 화살을 겨누고 있다가 B가 베개를 치우고 C를 쳐다보자 B를 향해 화살을 쏘았다. 화살은 학생 B의 왼쪽 눈에 맞았다. 학생 D는 바로 교사 A를 부르려고 했는데, C가 이를 몇 분 동안 지연시켰다. 그 후에도 학생 D 등은 교사들의 방이 어디인지 몰라서 교사를 찾는 시간이 지체되었다. 교사 A는 2017년 7월 14일 오전 12시 30분경, 휴대폰을 통해 학생 D로부터 사고의 발생 소식을 전해 들었고, 학생 B의 상태를 보고 숙소 1층 로비로 내려가 택시를 부르고 가장 가까운 대학병원 응급실로 후송하여 병원 응급실에 도착한 시간이 2017년 7월 14일 오전 12시 50분이었다. 그러나 결국 학생 B의 왼쪽 눈은 실명되었다.

🔨 법원의 판결

원고: 학생 B와 그의 부모, 피고: 학생 C의 부모, 교사 A, 경상북도

| 제1심 | • 대구지방법원 안동지원 2018가합3431
• 학생 C의 부모와 경상북도의 책임만 인정 |
| 제2심 | • 대구고등법원 2019나26916
• 학생 C의 부모와 경상북도의 책임만 인정 |

🔨 판결 이유

1심

학생 C는 이 사건·사고 당시 만 12세의 초등학교 6학년에 불과한 책임무능력자로서 전적으로 부모의 보호·감독을 받고 있는 상황이었으므로, 학생 C의 부모는 평소에도 사고방지에 필요한 주의사항 등에 관하여 설명하는 등 C가 불법행위를 저지르지 않도록 일상적인 지도와 조언을 계속하여야 할 보호·감독의무가 있다. 그럼에도 학생 C의 부모는 이러한 보호·감독의무를 소홀히 한 나머지 C가 위와 같은 불법행위에 이르게 되었고, 학생 C의 부모의 과실과 학생 B와 그의 부모가 입은 손해 사이에는 상당한 인과관계가 있다. 따라서 학생 C의 부모는 학생 B와 그의 부모들이 입은 손해를 배상할 책임이 있다.

또한 교사 A의 과실과 학생 B 및 그의 부모가 입은 손해 사이에는 상당한 인과관계가 있고, 경상북도는 소속 공무원인 교사 A의 직무상 불법행위에 대하여 「국가배상법」 제2조에 따라 학생 B와 그의 부모들이 입은 손해를 배상할 책임이 있다. 그 이유는 다음과 같다.

① 만 11~12세인 초등학교 6학년 학생들은 아직 사리분별력이 부족하고

행동 통제가 어려우므로, 현장체험학습 전에 위해성 도구 소지 금지, 위험한 장난 금지, 취침 시간 지키기 등 일반적인 안전교육을 실시했다고 해도 학생들이 이에 따르지 않고 몰래 위험한 장난감을 소지하고 취침 시간에 일어나 서로에게 장난을 치는 상황은 쉽게 예상할 수 있다.

② 그런데도 이 사건 현장체험학습에 참여한 교사 A를 비롯한 ○○초등학교 교사들은 사전에 일반적인 안전교육을 실시했을 뿐, 학생들이 상해를 가할 소지가 있는 위험한 장난감을 소지하지는 않았는지 구체적으로 확인하여 주의를 주는 조치를 취하지 않았고, 2017년 7월 14일 오전 12시경까지는 학생들 숙소에 별도의 감독자를 배치하여 취침 지도를 실시했으나 그 이후에는 학생의 실제 취침 여부를 확인하는 등의 조치를 취하지 않았다.

따라서 학생 C의 부모와 경상북도는 공동으로 학생 B와 그의 부모에게 치료비, 일실수입, 위자료 명목으로 약 2억 3,000만 원을 배상할 의무가 있다.

그러나 교사 A의 과실이 약간의 주의를 한다면 손쉽게 위법, 유해한 결과를 예견할 수 있는 경우임에도 이를 간과함과 같은 거의 고의에 가까운 현저히 주의를 결여한 상태, 즉 중과실에 해당하지는 않는다. 그 이유는 다음과 같다.

① 학생 C는 단순한 장난감 화살이 아니라 상단에 붙어 있는 고무패킹을 제거한 다음 끝을 칼로 깎아 날카로워진 상태의 화살을 학생 B에게 쏘았다. 그리고 장난감 화살과 활의 소유자였던 학생 D가 당시 그러한 행동을 하면 안 된다고 C를 만류한 것을 보면, 초등학교 6학년 다른 학생들조차도

C의 행동이 다른 사람에게 상해를 가할 수 있는 위험한 행동임을 충분히 인지하고 있었던 것으로 보인다.

② 교사 A를 비롯한 ○○초등학교 교사들은 평소 위험한 물건으로 장난을 쳐서는 안 된다는 안전교육을 실시하였고, 이 사건 현장체험학습 전날과 당일에도 위와 같은 교육을 실시하였다. 또한 예정된 취침시간인 2017년 7월 13일 오후 10시경부터 다음날 오전 12시경까지 학생들의 숙소에 감독자를 배치하여 취침을 지도하였다. 그리고 설령 교사 A를 비롯한 ○○초등학교 교사들이 2017년 7월 14일 오전 1시경까지 학생들의 숙소에 감독자를 배치하였다고 하더라도 위와 같이 학생들의 숙소에서 아주 짧은 순간 발생한 사고를 방지할 수 있었다고 보기는 어렵다. 따라서 교사 A에게는 손해배상 책임이 없다.

(경상북도는 교사 A의 과실이 아니라고 항소했다.)

2심

교사 A는 지도·감독의무를 소홀히 한 과실이 있고, 그 이유는 다음과 같다.

① 교사가 학생을 보호·감독할 의무는 친권자 등 법정 감독의무자에 대신하여 감독하여야 하는 의무이나, 체험학습에 참가한 학생들의 경우 친권자 등의 보호·감독에서 완전히 벗어나 전적으로 학교의 보호·감독 아래 놓이게 되므로 교사들에게 평소보다 무거운 주의의무가 요구된다.

② 학교와 가정을 떠나 진행된 현장체험학습에서는 학생들이 들뜨고 해이해지기 쉬워 취침 시간에 잠을 자지 않고 서로에게 장난을 치는 상황은 쉽게 예상할 수 있다. 학생 D가 장난감 활 세트를 이 사건·사고 전날 오후에 계속 보이는 상태로 들고 다녔고, 학생 C가 평소 물건을 집어던지는

등의 행위를 한 적이 많았기 때문에 교사 A로서는 위와 같은 상황을 예상할 수 있었다.

③ 당시 인솔 교사들은 학생들 전부가 원래 취침해야 할 방에서 방의 불을 끄고 취침에 들어간 것을 확인하지는 못했고, 인솔 교사들의 취침 지도가 있었던 시각과 이 사건·사고가 발생한 시각 사이에 큰 차이가 있지 않았다는 점 등에 비추어 보면 학생들에 대하여 취침 등에 관한 지도·감독이 제대로 이루어졌다고 보기 어렵다.

🔨 교사의 교육활동에 주는 함의

장난이 심한 학생은 언제나 있다. 또한 현장체험학습의 취침 시간에 교사가 자라고 해도 자지 않고 몰래 일어나서 노는 일은 너무나 흔하게 일어난다. 그렇지만 어떤 학생이 그 시간에 장난감 화살 고무패킹을 떼고 칼로 그 끝을 뾰족하게 만들어 친구의 눈에 쏠 거라고 누가 예상할 수 있을까? 교사 A를 비롯한 이 사건 현장체험학습의 인솔 교사들은 사전에 일반적인 수준의 안전교육은 충분히 했고, 밤 12시까지는 학생들이 취침하도록 보초를 섰던 것으로 보인다. 따라서 필자는 이 사건을 막지 못한 것이 교사 A의 과실이라는 법원의 판단을 납득하기가 어렵다.

이러한 상황에서는 현장체험학습에 가지 않는 것이 최선이나 학교 상황상 부득이 가게 되었다면 학생 안전을 위해 다음과 같은 조치를 취할 필요가 있다.

① 장난감 활과 화살 등 '학생 및 교직원의 안전과 건강에 위해를 줄 우려가 있는 물품'(「생활지도 고시」 제12조 제9항 제2조)으로 판단되는 물품은 압수해 교사가 분리 보관한다.

② 학생들이 모두 자는 것을 확인하는 정도로 취침 지도를 하고, 도저히 통제가 되지 않으면 교사가 학생과 같은 방에서 취침을 하는 것도 고려한다.

③ 사고 발생 시 교사에게 연락할 방법을 학생에게 알려주어 빠른 대응이 가능하도록 한다.

25 레일바이크 사건

🔍 사실관계

① 2012년에 교사 A는 ○○고등학교의 담임교사였고, 학생 B, C, D는 교사 A의 담임반 학생이었다. ○○고등학교는 2012년 6월 15일 오전, 수학여행 프로그램으로 강원도 정선 '레일바이크 체험' 활동을 진행하였다. 레일바이크 회사의 직원은 학생들에게 안전거리와 제동조치 등에 대하여 안내방송을 했고, 출발지인 평지에서 탑승객 스스로 브레이크를 잡아보도록 했다. 그러나 경사진 내리막길에 안전요원을 배치하여 운전자들에게 속도를 감속하게 하는 등 안전조치를 취하지 않았고, 헬멧 등 안전 보호구가 제공되지 않았으며, 레일바이크에는 추돌사고로 인한 충격을 완화하는 장치가 설치되어 있지 않았다. 4인승 레일바이크는 뒷좌석에서 페달을 이용하여 진행하며 브레이크 또한 뒷좌석에서 제동할 수 있고 앞좌석은 레일바이크 운행을 할 수 없다. 또한 앞좌석에는 안전벨트가 설치되어 있었으나, 뒷좌석은 안전벨트가 없었다. 다른 학생 4인이 탄 레일바이크(제1바이크) 뒤를 학생 B 등 4인이 탄 레일바이크(제2바이크)가 뒤따르고, 그 뒤를 교사 A, 학생 C, D 등 4인이 탄 레일바이크(제3바이크)가 뒤따르고 있었다. 교사 A는 앞좌석에, 학생 C, D는 뒷좌석에 타고 있었다. 그런데 제1바이크가 오전 8시 55분경, 터널이 보이는 내리막길에서 갑자기 멈춰 섰다. 학생 B는 이를 보고 제2바이크의 브레이크를 잡았으나 밀리면서 제1바이크와 충돌하여 탈선하게 되었고, 학생 B는 제2바이크에서 떨어져 레일로 추락하게 되었다. 학생 C, D가 이를 목격하고 브레이크를 잡았으나 멈추지 못하고 레일에 떨어진 학생 B를 들이받았다. 이 사건·사고로 학생 B는 경막외출혈 등의 상해를 입었다.

② 당시 레일바이크 회사는 영업 중 타인에게 법률상 손해배상 책임을 부담하는 경우, 대인배상 1인당 2억 원 한도에서 이를 보상하기로 하는 내용의 영업배상책임보험을 가입한 상태였다. 따라서 보험회사는 학생 B에게 2013년 10월 23일에 4,000만 원, 2015년 6월 4일에 약 6,000만 원을 보험금으로 지급하였다. 또한 ○○고등학교의 교감, 학교 장학회, 상조회, 기획위원회 등이 2012년 6월 20일부터 2013년 3월 29일까지 학생 B에게 약 4,000만 원의 금액을 지급하였다.

🏳_ 법원의 판결

원고: 보험회사, 피고: 학생 C, D, 인천광역시, 학교안전공제회

- 서울중앙지방법원 2017가단5135023
- 인천광역시의 책임만 인정

🏳_ 판결 이유

학생 C와 D에게는 손해배상 책임이 없다. 학생 C, D는 레일바이크를 조작하는 업무에 종사하는 자가 아니라 단지 수학여행을 온 관광객으로서 탑승한 자에 불과한 점, 제2바이크가 갑자기 급정지함에 따라 내리막 상황에서 제3바이크도 바로 급정지를 하였으나 브레이크가 제대로 제어되지 않아 제동거리가 길어져 학생 B와 충돌하였을 가능성이 있는 점, 학생 B는 제3바이크와 부딪치기 전에 이미 제1바이크와의 충돌로 인해 레일로 떨어져 머리를 다쳤을 수 있어 학생 B의 부상의 주요한 원인이 제1바이크와 제3바이크 중 어느 것과의 충격으로 인한 것인지가 분명하지 않은 점, 제3바이크에는 담임교사인 A가 학생 C, D와 함께 탑승하고 있어 교사의 직접적인 감독 아래 운행 중에 있었던 점 등을 고려하면 학생 C, D에게 과실이 있다거나 손해

사이에 인과관계가 있다고 단정할 수 없다.

그러나 인천광역시에게는 손해배상 책임이 있다. 교사 A에게는 학교활동의 일부인 수학여행 중 학생을 보호하고 감독할 직무상 의무가 있는바, 레일바이크 운행은 비록 해당 회사의 주도하에 이루어진다고 하더라도 인솔교사들로서는 그 과정에서 발생할 수 있는 사고로부터 학생들을 보호할 의무가 있다고 할 것인데 이를 소홀히 하여 이 사건·사고가 발생한 것으로 보이고, 이 사건·사고는 교사들의 이러한 직무상 과실로 인하여 발생한 것이므로 인천광역시는 학생 B에게 손해배상을 할 책임이 있다. ○○고등학교는 이 사건·사고가 발생한 해의 전년도에도 동일한 레일바이크 프로그램을 진행했기 때문에 교사들이 내리막 구간에 대하여 잘 알고 있었을 것으로 생각되고, 이를 미리 학생들에게 주의를 취하는 조치 등을 할 필요가 있었으나 하지 않았다.

그리고 학교안전공제회를 통한 공제제도는 불법행위로 인한 손해배상 제도와는 그 취지와 목적이 달라 공제회에 대하여 구상금 청구를 할 수는 없다.

🏴 교사의 교육활동에 주는 함의

이 판례 역시 교사 과실의 이유를 납득하기 어렵다. 이 사건에서 교사들은 학생들과 레일바이크를 같이 타는 등 철저히 사제동행했다. 교사들이 내리막 구간에서 사고가 날 수 있다는 생각이 들었다면 학생들에게 주의를 주었을 것이다. 그러나 전년도에는 괜찮았고, 교사보다 전문가라고 할 수 있는 레일바이크 회사 직원도 이를 하지 않았다.

현장체험학습을 꼭 가야 한다면 학년부장 등이 미리 답사를 할 때 안전을 최우선의 가치에 두고 체험활동에 위험성은 없는지 등을 꼼꼼히 살필 필요가 있다. 육안으로 보기에도 뒷좌석에 안전벨트가 없고 헬멧도 씌우지 않는 등 안전장비가 제대로 갖추어 있지 않다고 판단이 된다면 해당 업체와 계약을 하지 않고 좀 더 안전한 다른 활동으로 바꾸는 것이 필요하다.

26 방학 바다여행 사건

사실관계

① 2015년에 ○○중학교 □반 담임교사였던 A는 반 학생들의 학업성적 향상 및 친목을 도모하기 위하여 1학기 중에 성적이 오른 학생들과 여름방학 때 함께 놀러가기로 약속했다. 그리고 교사 A는 방학이 시작되자 여행계획을 세웠고, 여행 일정표 등을 해당 반 학생들을 구성원으로 하는 모바일 채팅방에 게시한 다음 학생들로 하여금 사전에 부모로부터 이 사건 여행에 대한 동의를 받도록 하였다. 그러나 ○○중학교장에게 여행계획을 보고하고 이에 관한 승인을 받지는 않았다. 또한 여행 당시 교사 A는 「교육공무원법」 제41조 연수 승인을 받은 상태였다. 한편 교사 A는 '2015년도 광주희망교실' 운영에 참여하였고 2015년 3월경, 교장에게 광주희망교실 운영계획서를 제출하였는데, 위 운영계획서에는 '시험 후 사제동행 보상 활동 제공'으로 활동내용이 기재되어 있었다. 또한 이 사건 여행에는 광주희망교실의 멘티로 신청한 9명의 학생 중 6명이 참석하였고, 교사 A는 광주희망교실 운영비로 지급받은 40만 원 중 30만 원을 이 사건 여행의 경비로 사용하였다.

② 교사 A는 2015년 8월 9일, 학생 B, C, D를 포함한 같은 반 학생 12명과 함께 1박 2일 일정으로 전남 신안군에 있는 펜션으로 여행을 갔다. 교사 A와 학생 12명은 2015년 8월 10일, 오전 9시 20분경, 숙소에서 나와 갯벌체험을 위해 해수욕장으로 갔다. 학생들을 해수욕장 주차장에 내려놓고 잠시 학생의 양말을 찾으러 다녀온 사이에 학생들은 이미 물놀이를 하고 있었고, 교사 A는 "꼭 손잡고 놀고, 깊은 곳으로 들어가면 안 돼."라고 말하면서 학생들의 물놀이를 허락하였다. 그리고 교사 A는 해변에 앉아 학

생들이 해수욕하는 것을 지켜보거나 사진 촬영을 해주었다. 그러다가 학생들은 점점 깊은 곳으로 가게 되었고, 다른 학생들은 수영을 해서 해변 쪽으로 나갔는데, 학생 B와 C는 파도에 밀려 표류하게 되었다. 학생 B는 C가 물 밖으로 호흡을 할 수 있도록 C를 업고 물속으로 들어갔다 나갔다를 반복하다 어느 순간 정신을 잃고 물속에 떠 있었다. 물에서 나온 학생 D가 교사 A와 해수욕장 안전요원을 찾았는데, 해수욕장 망루에 안전요원이 앉아 있지 않았고 해수욕장 사무실 근처에서 발견하여 사고를 알렸다. 안전요원은 119에 신고하고 사고 현장에 도착하여 바다 위에 학생 B가 떠 있는 모습과 그 옆에서 C가 물속으로 들어갔다 나오기를 반복하는 모습을 보았고, 3분 정도 후에 119구조대원이 도착하여 구조 활동을 시작하였으며, 안전요원은 목포해양경비안전서에 사고 신고를 하였다. 구조대원이 바다 위에 떠 있는 학생 C를 발견하여 수영을 하여 오전 11시 13분경, 레스큐 튜브로 C를 구조해서 해안가 쪽으로 나오던 중, 해안가에 있던 학생들이 조난당한 학생이 1명 더 있다고 이야기하자 구조요원은 C를 감싸 안은 채로 주변을 수색하였으나 학생 B를 발견하지 못했다. 그로부터 4~5분 후에 해양경비대원이 바다로 뛰어들어 주변을 수색하였고, 약 5분 후에 해경 수상오토바이도 도착하여 주변을 계속 수색하였는데도 학생 B를 발견하지 못했다. 사고현장을 수색하던 면사무소 직원이 같은 날 오전 11시 50분경 해안가로 밀려 온 학생 B를 발견하였다. 구조요원이 학생 B를 들쳐 메고 해변으로 올라온 후 심폐소생술을 실시하였으나 의식이 돌아오지 않았고, 오후 1시 18분에 사망하였다.

③ 이 사건 이후 ○○중학교장은 교사 A가 단독으로 학급 교육 활동을 실시하였다는 이유로 징계하였고, 교육청은 소속 교사의 관리 등 지휘체계의 문제점, 물놀이 안전교육 소홀 등으로 학생 사망 사고를 초래한 점 등에

대한 책임을 물어 ○○중학교장에게 '기관경고' 처분을 하고, 소속 교직원들에 대해 자체 안전교육을 실시한 후 그 결과를 보고하도록 하였다. 또한 이 사건·사고와 관련하여 학생 B는 「의사상자 등 예우 및 지원에 관한 법률」에 따른 의사자로 인정되었고, 이에 따라 학생 B의 부모는 의사자 보상금 약 2억 원가량을 수령하였다.

🚩 법원의 판결

원고: 학생 B의 부모, 피고: 교사 A, 신안군, 광주광역시, 학교안전공제회

제1심	• 광주지방법원 2016가합58135 • 신안군, 광주광역시, 학교안전공제회의 책임 인정
제2심	• 광주고등법원 2018나20759 • 신안군, 광주광역시, 학교안전공제회의 책임 인정

🚩 판결 이유

1심

신안군은 이 사건이 발생한 해수욕장을 점유, 관리하는 지방자치단체이다. 그리고 이 사건·사고 당시 근무 중이던 안전요원 2명 중 1명은 「해수욕장 안전관리에 관한 지침」 제11조 제2항 제1호에서 정한 '법령에 따른 인명구조 자격'에 해당하지 않는 기본인명구조술(BLS)과 재난인명구조술(BDLS) 자격증만을 보유하고 있었고, 나머지 1명은 인명구조와 관련한 어떠한 자격증도 보유하고 있지 않았을 뿐만 아니라 수영도 하지 못했다. 이 사건·사고 당시 해수욕장의 감시탑에는 안전요원이 아무도 근무하고 있지 않았다. 수영을 하지 못하는 안전요원은 학생 B의 사고 상황을 목격하고서도 즉시 구조를 하지 못하고 다른 안전요원에게 무전으로 사고 사실을 알렸고, 그로부터 약 3분 후에 도착한 119구조대원이 비로소 구조활동을 개시하였다. 결국 이 사건 해수욕장은 관련 법령에서 정한 자격과 능력을 갖춘 적절한 수의 안전요원이 배치되지 않음으로써 통상의 해수욕장이 갖추어야할 안전성이 결여되어 있었고, 이는 이 사건·사고가 발생하고 피해가 확대되는 하나의 원인이 되었다고 할 것이다. 따라서 신안군은 학생 B의 부모에게 손해를 배상할 책임이 있다.

또한 교사 A는 당시 교장의 승인은 받지 않았으나 학생들의 성적 향상 및 친목 도모라는 여행의 목적에 비추어 볼 때, 이 사건 여행은 담임교사의 교육활동에 해당한다고 보아야 한다. 그런데 교사 A는 당시 해수욕이 아니라 갯벌 체험을 위해 해수욕장으로 간 것이어서 학생들이 해수욕에 필요한 복장을 갖추지 못했는데도 해수욕을 허락하였으며, 학생들에게 구명조끼를 착용하거나 튜브를 지참하고 해수욕을 하게 하는 등 학생들의 안전을 위한 적절한 조치를 취하지도 않았다. 따라서 교사 A가 학생들에 대한 보호감독의무를 소홀히 한 과실이 인정되며, 광주광역시는 「국가배상법」 제2조 제1항에의하여 이 사건·사고로 인해 학생 B의 부모에게 손해를 배상할 책임이 있다.

다음으로 교사 A의 과실이 '중과실'인지를 따져봐야 하는데, 교사 A가 이 사건 해수욕장에 도착하였을 당시에 학생들이 이미 해수욕을 시작하였던 점, 교사 A가 근처에 안전요원이 있는 것을 확인하고 학생들에게 얕은 곳에서 놀 것을 당부한 후 해수욕을 허락한 점, 학생 B는 이 사건·사고 당시 만 14세의 중학교 2학년 학생으로서 어느 정도의 자율적인 판단 능력과 행동 능력, 해수욕의 위험성에 대한 인식 능력 등을 갖추고 있었을 것으로 보이는 점 등을 고려하면 교사 A가 학생 B를 보호할 의무를 고의에 가까울 정도로 현저히 게을리한 것으로는 볼 수 없다. 따라서 교사 A 개인은 손해배상 책임을 지지 않는다.

학교안전공제회는 이 사건·사고가 방학 중 학교장의 승인 없이 떠난 여행 과정 중에서 발생한 것으로 교육활동 중에 발생한 것이 아니며「학교안전사고 예방 및 보상에 관한 법률」(이하 학교안전법)에 따른 학교안전사고가 아니라고 주장하는데, 본 여행의 성격은 현장체험학습, 창의적 체험활동, 2015년 광주희망교실에 따른 사제동행 보상 활동으로 볼 수 있다. 또한「학교안전법」제2조 제4호 가목은 교육과정에 따른 현장체험활동에 관하여 학교장의 관리·감독하에 행하여지는 것을 요건으로 하고 있을 뿐 따로 학교장의 사전 승인을 요구하고 있지 않다. 또한 교사 A는 미리 계획을 세워 학생과 학부모들에게 알리고 동의를 얻어 이 사건 여행을 떠났고, 여행 과정에서 학생들을 인솔 및 지도하였으며, ○○중학교장이 따로 이 사건 여행을 불허하거나 방학 중 창의적 체험활동을 포괄적으로 금지하였다고 볼 만한 사정이 없다.

따라서 신안군, 광주광역시, 학교안전공제회는 공동하여 학생 B의 부모에게 약 1억 6,000만 원을 지급해야 한다.

(학생 B의 부모는 배상 금액을 높여서, 신안군, 광주광역시, 학교안전공제회는 배상 금액을 줄여서 항소했다.)

2심

1심과 동일한 이유로 신안군, 광주광역시, 학교안전공제회는 공동하여 학생 B의 부모에게 약 1억 4,000만 원을 지급해야 한다.

🔨 교사의 교육활동에 주는 함의

이 판례의 교사 A는 방학에 담임반 학생들과 여행을 떠날 정도로 매우 열정적인 담임교사였으나, 안전에 대한 민감성은 좀 부족했던 것으로 보인다.

안전요원이 펜스를 치고 그 이상 넘어가지 못하도록 계속 단속하는 상황도 아니었는데, 평상복을 입고 바다에서 노는 학생들에게 구명조끼와 튜브를 사용하라고 하지도 않았다. 방학 중이어서 41조 연수의 복무 상태였고, 교장에게 해당 여행에 대한 사전 승인을 받지도 않았다. 과거에는 교장 등 학교관리자가 안전을 이유로 이러한 여행을 떠나지 못하게 막는 경우가 많았다. 교사 A는 교장에게 이야기하면 금지할 것이라고 생각해 허락을 받지 않은 것일지도 모르겠다. 과거에는 학교관리자에게 이야기하면 교실 수업 외에는 할 수 있는 것이 많지 않으니 교사 A처럼 몰래 하는 교사들이 있었고, 학생들에게는 그런 교사가 좋은 선생님으로 평가받기도 했다. 학교의 맥락에서는 교사 A가 큰 잘못을 한 것처럼 보이나, 법적으로는 앞의 판례들과 같은 결과가 나왔다. 교사의 경과실로 국가는 배상책임이 있지만, 교사 개인은 배상책임이 없다는 것이다.

바다 물놀이는 아이들이 좋아하지만 위험성이 큰 활동이다. 바다 물놀이를 할 수밖에 없는 상황이라면 ① 안전요원이 상주하며 사람들에게 주의를 주고 있는지 확인하고, ② 구명조끼나 튜브 등을 미리 준비시키거나 대여하여 사용하도록 하며, ③ 아이들이 안전하게 놀고 있는지 계속 지켜보고 위급상황이 생기면 안전요원에게 바로 알리거나 119에 신고해야 한다.

27 영어마을 축구골대 사건

사실관계

○○초등학교는 2012년 5월 7일부터 9일까지 4학년 학생들을 대상으로 YBM회사가 주관하는 영어마을 현장체험학습을 실시하였는데, A는 현장체험학습 인솔교사였고 B는 현장체험학습에 참여한 학생이었다. 2012년 5월 7일 오후 4시경, 영어마을 내 잔디구장에서 2인 1조의 학생이 원반 던지기 게임을 하는 '영어로 말하며 원반 던지기' 수업이 실시되었다. 수업 도중 학생 B는 잔디구장 내에 있는 축구 골대에 매달렸는데, 축구 골대가 B쪽으로 기울어지더니 땅으로 완전히 넘어지면서 학생 B의 오른쪽 눈 윗부분에 떨어졌다. 교사 A는 사전에 학생들을 대상으로 안전교육을 했고, 사건 당시에는 다른 학생이 다쳐 의무실에 동행하는 바람에 자리를 비우게 되었다. 그 후 학생 B는 영어마을 의무실에서 응급처치를 받았고, 대학병원에 입원하여 두개골 골절 및 경막외출혈로 진단받았고 2012년 5월 16일 개두술을 받았으며 6월 2일 퇴원하였다. 그런데 퇴원 후 학생 B는 감정이 불안정하고, 충동을 조절하지 못하며, 공격적인 행동을 하는 등 사고 이전과 달라진 모습을 보였다. 이에 학생 B는 2012년 9월 13일부터 17일까지 대학병원에 입원하여 정신과 검사를 받았는데, 그 결과 사고로 인해 전두엽 기능이 저하되면서 발생한 기질성 정신장애, 조울증, ADHD 등의 진단을 받았다. 사고 이전의 생활기록부에도 '자아가 강한 편', '다소 반항적', '자신의 의견을 강하게 주장하여 교우들과 종종 마찰이 있음'이라고 기재되어 있기는 하지만, 이 사건 이전에는 학생 B가 학교생활이나 일상생활에서 큰 문제를 일으키지는 않았고 정신과적인 진료를 받지도 않았다. 또한 오른쪽 눈 위에 4cm, 두피에 24cm의 흉터가 남았다.

🔨 법원의 판결

원고: 학생 B, 학생 B의 부모와 동생, 피고: YBM회사, 서울특별시

제1심
- 서울중앙지방법원 2014가합581597
- 원고 승소

제2심
- 서울고등법원 2016나2088675
- 원고 패소(손해배상 금액 줄어듦)

🔨 판결 이유

1심

우선 이 사건 축구 골대는 통상 갖추어야 할 안전성을 갖추지 못했기 때문에 YBM회사는 손해배상 책임이 있다. 그 이유는 다음과 같다.

① 일반적인 축구 골대가 높이에 비해 좌우 폭이 넓어 안정감이 있는 반면, 이 사건 축구 골대는 좌우 폭이 높이와 비슷한 정도의 형태였다.

② 이 사건 축구 골대의 하단부에는 지면에 고정할 수 있도록 고리가 설치되어 있으나, 이 사건·사고 당시 이 사건 축구 골대는 지면에 고정되어 있지 않았다. 그렇다면 축구 경기 도중 강한 충격으로 인해 골대가 넘어질 수도 있는 상황이었다.

③ YBM회사는 학생 B가 수업과 무관하게 이 사건 축구 골대에 매달렸고 이는 축구 골대의 통상적인 용법에 따르지 않은 이례적인 행동이라고 주장하나, 축구 경기에서도 골키퍼나 다른 선수가 골 포스트에 매달리는 경우도 있어 학생 B의 행위가 매우 이례적인 행동이라고 보기는 어렵다.

또한 교사 A가 보호·감독의무를 다하지 못한 것도 인정되어 서울특별시도 손해배상 책임이 있다. 그 이유는 다음과 같다.

① 이 사건 체험활동은 ○○초등학교의 계획에 따라 교육과정 중 하나로 진행되었고, 교사 A가 학생들을 인솔하였으며, 교사 A는 학생들을 관찰하고 위험한 행동을 하지 못하도록 주의를 주며 위험한 행동을 하는 경우 즉각 제지했어야 했다.

② 학생 B는 이 사건·사고 당시 만 9세의 학생으로서 아직 분별력이나 자제력이 미흡하여 위험한 행동을 할 우려가 있었다.

③ 이 사건 체험활동이 YBM회사의 주관하에 진행된다고 하더라도 학교 교사에게는 여전히 학생들에 대한 보호·감독의무가 있고, 이는 사전 안전교육을 했다거나 당시 다른 학생을 의무실로 데려가느라 사건 당시 자리를 비우게 되었다는 사정만으로 교사 A가 보호·감독의무를 다했다고 평가하기 어렵다.

따라서 YBM회사와 서울특별시는 공동하여 학생 B 및 그 가족들에게 약 7,600만 원을 지급해야 한다.

(학생 B와 그의 가족들은 손해배상 금액을 올리고, YBM회사와 서울특별시는 손해배상 금액을 낮춰달라는 취지로 항소했다.)

2심

학생 B와 그의 가족들이 YBM회사의 보험사로부터 이미 일정 부분 치료비를 지급받았으므로 YBM회사와 서울특별시는 공동하여 학생 B 및 그 가족들에게 약 6,300만 원을 지급해야 한다.

🔨 교사의 교육활동에 주는 함의

현장체험학습으로 교사들이 직접 프로그램을 계획하고 운영하지 않고 특정 프로그램을 운영하는 업체에게 학생들을 위탁하는 경우도 많다. 그렇지만 실제 운영을 업체가 한다고 해도 교사의 학생들에 대한 보호·감독의무는 사라지지 않는다. 따라서 교사는 학생들의 활동을 지켜보면서 안전 지도를 해야 한다. 그런데 이 판례에서 교사 A는 사전에 안전교육도 했고, 학생들의 활동을 지켜보았으나 다친 학생이 있어 의무실에 데려다주느라 사건 현장에 없었던 것으로 보인다. 그렇다면 이는 불가피한 사정일 텐데도 교사의 과실로 판결을 받았다.

28 아이스크림 내기 달리기 사건

💉 사실관계

 2011년 ○○고등학교는 2학년 학생들을 대상으로 1박 2일 소규모 테마형교육여행을 실시했는데, 그중 9, 10, 11반 학생들은 2011년 7월 13일에 영주시로 여행을 갔다. 교사 A는 당시 인솔 교사였고, 학생 B, C, D, E, F, G는 해당 여행에 참가한 학생이었다. 9, 10, 11반의 담임교사와 학생들은 같은 날 오전 11시 40분경 영주시의 한 식당에서 점심식사를 했다. 식사 후 휴식시간에 9반의 C, D와 10반의 E, F는 식당 앞 아스팔트 및 보도 블록으로 포장된 주차장에서 대기하다가 C는 D를, E는 F를 업고 달리는 방법으로 아이스크림 내기 달리기 시합을 하기로 했는데, 그 당시 E는 슬리퍼를 신고 있었다. 이 학생들은 위와 같은 방식으로 두 차례의 달리기 시합을 하였고, 다시 다른 학생을 업고 계주 방식으로 시합을 하기로 하였다. 이때까지만 해도 근처에 많은 학생이 있지 않았다. 다음으로 학생 C와 D는 G를, 학생 E와 F는 B를 업고 달리되, D와 F가 먼저 약 20m의 평지와 약 10m의 오르막길을 달리고, 반환점에서 기다리고 있던 C와 E가 이어서 내리막길과 평지를 달려 먼저 출발점으로 되돌아오는 쪽이 이기는 것으로 하였다. 학생 D가 G를 안고, F는 B를 업고 C와 E가 있던 반환점까지 달렸다. 다음 주자인 학생 E는 B를 한쪽 어깨에 들쳐 메고 출발점으로 달려 나갔고, C는 G를 업고 E를 뒤따라 달렸다. 내리막길을 지나 평지 부분을 상당히 빨리 달리던 학생 C가 E의 왼쪽으로 근접한 상태에서 E를 추월하려는 순간 E가 C의 다리에 걸려 앞으로 넘어졌다. 이에 따라 학생 E가 옆으로 들쳐 메고 가던 B는 바닥에 머리를 세게 부딪혀 뇌출혈이 발생하였다. 학생 B가 다친 시합을 할 때에는 9, 10, 11반 학생들의 1/3 정도인 30명 이상의 학생들이 지켜보고 있었다. 학생 B

는 이 사건·사고로 인한 뇌손상으로 사지마비, 언어장애, 인지기능장애가 발생하였으며, 위 장애는 영구히 지속될 것으로 예상되고 기대수명이 50% 단축되었다.

🔨 법원의 판결

원고: 학생 B, 학생 B의 부모와 누나, 피고: 학생 C의 부모, 서울특별시

제1심
- 서울중앙지방법원 2013가합36700
- 학생 C의 부모의 책임만 인정

제2심
- 서울고등법원 2015나2056350
- 학생 C의 부모와 서울특별시의 책임 모두 인정

🔨 판결 이유

1심

학생 C는 당시 E와 근접하여 달리거나 E 앞으로 진입하는 등 E와 충돌할 경우 E가 넘어질 수 있고, 빠른 속도로 달리던 E가 넘어질 경우 E가 들쳐 메고 가던 B가 아스팔트 포장이 된 단단한 바닥으로 떨어져 큰 상해를 입을 수 있다는 점을 예견할 수 있었다. 그럼에도 불구하고 학생 C가 B의 안전을 고려하지 않고 위와 같은 행동을 하여 B가 중한 뇌손상을 입게 한 것은 불법행위에 해당한다. 그리고 학생 C는 부모와 함께 살면서 경제적인 면에서 부모에게 전적으로 의존하고 있었고 평소 농구 등 운동경기를 즐겨 했다. 따라서 학생 C의 부모는 C가 운동경기 중 타인에게 해를 입힐 수 있는 위험한 행동을 하지 않도록 지도·조언하는 등의 교양 및 감독의무를 부담한다. 그럼에도 불구하고 학생 C의 부모가 이를 게을리하였고 C가 달리기 시합을 하던 중 위험한 행동을 하여 B에게 상해를 입혔다. 따라서 학생 C의 부모는 학생

B의 가족이 입은 손해를 배상할 책임이 있다. 따라서 학생 C의 부모는 학생 B의 치료비, 일실수입, 위자료 등의 명목으로 학생 B의 가족에게 약 6억 원을 배상해야 한다.

그러나 서울특별시에게는 손해배상 책임이 없다. 물론 교사 A에게는 현장체험학습 중인 학생들이 위험한 행동을 하지 않도록 보호·감독할 의무가 있고, 현장체험학습 중에는 학생들이 평소와 달리 기분이 들뜨고 해이해지기 쉬운 상황이고 그로 인해 장난 등 돌발적인 행동을 할 가능성이 높다. 그러나 이 사건·사고는 돌발적이고 우연한 사고로, 교사들이 이를 예견할 수 없었다. ① 교사들은 현장체험학습 이전에 학생들에게 심한 몸 장난을 하지 말라는 내용의 안전사고 예방교육을 했다. ② 해당 학생들은 고등학교 2학년 학생으로서 충분한 변별능력을 가지고 있었던 것으로 보이고, 학생 B나 C가 이 사건·사고 발생 이전에 평소 위험한 행동을 하거나 말썽을 부렸다고 볼 만한 아무런 증거가 없다. ③ 또한 이 사건·사고가 일어난 시간은 식사 직후의 짧은 휴식시간이었고, 이 사건·사고가 일어난 장소는 약간의 경사가 있는 부분과 넓은 평지 부분으로 이루어진 곳으로서 위험한 장소로 보이지 않는다.

(학생 B와 그의 가족은 서울특별시도 손해배상 책임이 있다고, 학생 C의 부모는 자신들의 손해배상 책임을 면해달라는 취지로 항소했다.)

2심

이 사건·사고는 교사들의 예견가능성 범위 내의 영역에서 발생한 것으로 서울특별시에게는 손해배상 책임이 있다. 그 이유는 다음과 같다.

① 교사들이 현장체험학습 전 학생들에게 일반적인 주의사항이 기재된 유

인물을 배부한 사실은 인정되나, 교사들의 진술 이외에는 학교 측에서 더 나아가 충분한 안전교육을 실시하였다고 볼 만한 증거가 없다. 학생들은 안전교육에 대해 기억이 나지 않거나 잘 모르겠다는 취지로 진술했다. 3차 시합이 이루어지기까지 적지 않은 시간이 소요되었을 것인데 다수의 학생들이 이를 구경하고 있었음에도 교사에게 아무런 연락을 취하지 않았던 점에 비추어 보면 학생들은 문화체험학습 중 발생할 수 있는 사고에 관하여 안이한 인식을 갖고 있었던 것으로 보인다.

② 해당 학생들은 고등학교 2학년의 미성년자에 불과하여 정신적, 신체적으로 충분히 성숙하였다거나 위험에 대한 판단능력과 대처능력을 제대로 갖추고 있었다고 보기 어렵고, 체험학습으로 들뜨고 해이해지기 쉬운 상황에 있었으므로 교사들로서는 이들이 평소보다 주의력이 낮아져 있고 학교에서의 생활 태도와는 다를 수 있다는 것을 쉽게 예상할 수 있었다. 해당 시합은 반 대항 달리기 시합과 같은 외관을 띠게 되어 실제 달리기 시합에 참여하는 학생들과 지켜보는 학생들 사이에 경쟁심과 승부욕이 과열되었던 것으로 보인다.

③ 이 사건·사고가 발생한 주차장 자체의 지형이 특별히 위험하지는 않다고 해도 학생들에게는 낯선 공간으로, 교사들로서는 약 90명의 학생들이 모여 있는 곳에서 아무런 교사의 감독 없이 대기할 경우 장난을 치다가 다치는 등의 돌발적인 사고가 발생할 가능성이 있음을 예상할 수 있었던 것으로 보인다.

④ 교사가 학생을 보호·감독할 의무는 친권자 등 법정 감독의무자에 대신하여 감독하여야 하는 의무이나, 체험학습에 참가한 학생들의 경우 친권자 등의 보호·감독에서 완전히 벗어나 전적으로 학교의 보호·감독 아래 놓이게 되므로 교사들에게는 평소보다 무거운 주의의무가 요구된다.

⑤ 교사 A는 학생들의 식사 지도를 하느라 학생들이 식사를 마칠 무렵에야 식사를 할 수밖에 없었으므로 현장에서 학생들을 감독할 수 없었다고 주장하나, 교대로 식사를 하는 방법 등으로 현장을 감독할 수 있었고 최소한 각 반의 반장으로 하여금 학생들을 감독하게 하고 문제가 있을 때에는 교사에게 즉시 보고하게 하는 등의 조치를 취했어야 했다. 교사가 1명이라도 현장에 배치되어 있었더라면 이들의 행동을 인식하고 제지하여 이 사건·사고의 발생을 막을 수 있었을 것이다. 다만 학생 B는 당시 달리기 시합에 연루된 다른 학생의 보험회사로부터 보험금을 수령하였으므로 이를 빼고 학생 C의 부모와 서울특별시는 학생 B와 그의 가족에게 약 4억 원을 배상해야 한다.

✄ 교사의 교육활동에 주는 함의

1심에서는 교사의 책임이 없는 것으로 판결이 났다가 2심에서는 뒤집힌 사례이다. 교사가 유인물만 나눠주고 실제 안전교육을 안 했을 수도 있지만, 했을 수도 있다. 그리고 안전교육을 했다고 해도 아직 사고가 발생하기 전인 상황에서는 그 내용이 학생들의 귀에 잘 들어오지 않을 수 있다. 학생들이 기억하지 못한다고 해서 교사가 안전교육을 하지 않았을 것이라고 단정하는 것은 교사 입장에서는 억울한 일이다. 또한 학생들의 식사 지도를 하다가 학생들이 다 먹고 나서야 교사들이 식사하게 된 것도 교사 입장에서는 학생 지도에 최선을 다한 것인데, 법원은 교사들이 식사하는 중에 벌어진 사고에 대해 책임을 묻고 있다. 교사의 입장에서 잘 납득이 가지 않는 판결이다.

이러한 상황에서는 현장체험학습을 가지 않는 것이 최선이나, 부득이 가야 한다면 다음과 같은 조치를 취해야 한다.

① 사전에 형식적인 유인물 배부 같은 방법이 아니라 사례 중심의 안전교육이 이루어져야 한다.

② 가능한 한 교사 없이 학생들끼리만 있는 상황을 만들지 말아야 한다. 교대로 식사하여 학생들을 감독하는 교사가 1명이라도 있게 하고, 그럴 수 없는 상황이라면 반장에게 학생들이 위험한 행동을 하면 알리라고 사전에 언질을 주어야 한다.

<u>29</u> 버스 용변 사건

🔍 사실관계

2015년 ○○초등학교는 6학년 학생들을 대상으로 천안 독립기념관을 견학하는 현장체험학습을 실시했는데, 당시 교사 A는 6학년 1반 담임교사이자 6학년 부장교사였고 학생 B(여, 12세)는 해당 반 학생이었다. 6학년 7개 반 학생 194명과 담임교사 등은 2017년 5월 10일에 대구에서 단체 버스를 타고 천안으로 이동했다. 그런데 학생 B는 중간에 오전 7시 15분경, 배가 아파 화장실에 가고 싶다고 교사 A에게 말했다. 교사 A는 운전기사에게 버스를 갓길에 세울 수 있는지 물어보았으나 사고 위험성이 높아 그럴 수 없다고 하자 남녀학생들이 함께 타고 있는 버스 뒷좌석에 비닐을 깔고 B가 대변을 누게 하고 스스로 뒤처리를 하게 했다. 그로 인해 학생 B는 속옷과 하의가 젖었고 남학생들로부터 똥냄새가 난다는 놀림을 받았다. 학생 B는 오전 7시 24분경, 휴게소에 도착하자 화장실에서 울면서 나오지 않았고 자신의 어머니에게 전화를 하여 당시 상황을 이야기했다. 이에 학생 B의 어머니는 교사 A에게 전화를 하여 B를 데리러 휴게소로 가겠다고 말했다. 그러나 A는 B의 어머니에게 B가 함께 현장체험학습을 가는 것이 좋겠다고 말하고 B를 고속버스에 태우고 그대로 출발하고자 했다. B의 어머니는 재차 교사 A에게 전화를 해서 "B가 체험학습을 따라갈 것인지 집으로 돌아갈 것인지는 B가 원하는 대로 하고 싶다."고 말했다. 그러자 교사 A는 B에게 전화를 바꿔주었고 교사 A의 휴대폰으로 어머니와 통화를 한 후 B가 "현장체험학습에 따라가고 싶지 않다."고 말하자 B의 어머니는 교사 A에게 B를 데리러 휴게소로 가겠으니 B를 내려놓고 가라고 말했다. 교사 A는 학생 B의 어머니에게 "휴게소에 혼자 두는 것은 위험하다. B와 얘기를 해서 가급적 데리고 가겠다."

고 여러 차례 말했지만, B의 어머니의 의사는 확고했다. 이 시점은 오전 7시 43분경으로 고속버스가 휴게소 주차장을 출발하여 30~40m 지난 지점이었다. 교사 A는 버스를 정차시키고 B로 하여금 혼자 내리게 한 후 버스는 그대로 출발하였다. 당시 교사 A와 학생 B가 타고 있던 버스 안에는 신규교사였던 3, 4학년 영어전담교사도 타고 있었고, 영어전담교사는 현장체험학습 도중 버스에서 내려서 이동을 할 때 반 아이들을 반반씩 나누어 인솔하는 역할을 담당하기로 되어 있었다. 학생 B는 버스에서 내린 후 울면서 휴게소 건물 안으로 들어갔고, 휴게소 건물 안 식당에 앉아 있다가 건물 밖으로 나가서 어머니를 기다렸으며, 내린 지 한 시간이 지난 오전 8시 48분경 어머니를 만났다. 교사 A는 학생 B에게 같은 날 오전 8시 2분, 8시 26분에 전화를 하여 각 2분 39초, 2분 23초가량 통화를 했고, 학생 B의 어머니에게 오전 8시 37분에 전화를 했으나 받지 않아 다시 전화를 하여 37초간 통화하였다. 그 후에도 교사 A는 학생 B의 어머니에게 오전 8시 51분, 8시 58분에 전화를 하였으나 통화를 하지 못했고, 오전 8시 59분에 전화하여 B를 만났는지 물어보았다.

⚖️ 법원의 판결

- 대구지방법원 2017고정2029
- 유죄. 벌금 800만 원

- 대구지방법원 2018노1960
- 선고유예

⚖️ 판결 이유

1심

교사 A는 이러한 응급상황 발생 시 보호자에게 연락하고 교장에게 보고해야 했다. 그랬다면 교장의 지시에 따라 같은 버스에 탑승하여 학생들을 관리하고 있던 영어전담교사가 학생 B와 함께 하차하여 휴게소에서 어머니를 기다릴 수 있도록 조치를 취하거나, 휴게소에 설치된 보호소 등 믿을 수 있는 기관에 B의 보호를 의뢰하며 어머니가 올 때까지 안전하게 대기하도록 했을 수 있다. 교사 A는 해당 사건으로 정신적 충격을 받은 학생 B를 어머니가 휴게소에 도착하기까지 약 1시간 동안 기본적인 보호를 소홀히 한 채 방임한 것이다.

(교사 A는 아동학대가 아니며, 형량이 무겁다고 항소를 했다.)

2심

교사 A는 학생 B를 방임한 것이 맞다. 그 이유는 다음과 같다.

① 교사 A가 학생 B의 어머니의 요청에 따라 B를 휴게소에 내려놓고 가기는 하였으나, B가 학교행사에 참석한 이상 B를 어머니에게 인계하기까지의 보호·감독책임은 교사 A에게 있다.
② 학생 B는 성장기의 감수성이 예민한 여학생으로서 당시 사건으로 인해 자존감의 상실, 수치심 등 정신적 고통을 겪었고 정서적으로 매우 불안전하고 혼란한 상태였다. 비록 학생 B가 초등학교 6학년 학생으로서 스스로의 안전을 도모할 수 있는 판단능력이 어느 정도 있는 나이라고 하더라도 이러한 상황을 고려하면 교사 A는 당시 보호자의 적절한 보호·감독이 필요했다.

③ 고속도로 휴게소는 그 특성상 차량의 통행량이 많고 불특정 다수가 빈번하게 드나드는 장소로서 약취나 유인 등 범죄에 노출될 가능성이 있었다. 교사 A도 학생 B의 어머니와 통화할 때 한 말로 미루어보아 이를 인식하고 있었던 것으로 보인다.

④ 교사 A는 정식교사로서 대등한 관계인 영어전담교사가 먼저 학생 B와 함께 내리겠다고 하지 않는 이상 해당 행위를 지시할 수 없었다고 주장하나, 요청은 할 수 있었을 것으로 보이는데 그러한 요청도 하지 않았다. 또한 영어전담교사는 단순히 반 애들을 반반씩 나누어 인솔하는 역할을 맡은 교사로 교사 A만큼 학생들에 대한 보호·감독의무가 있었다고 보기 어렵다.

⑤ 교사 A는 "체험학습의 전체 책임자로서 더 지체가 되면 일정에 차질이 생길 수가 있었기 때문에 그 부분을 무시할 수 없었다."고 진술하는 등 당시 현장체험학습 전체를 총괄하고 있다는 책임감 또는 부담감으로 인해 학생 B에 대한 보호조치를 소홀히 하였던 것으로 보인다. 그러나 당시 운전기사는 학교 측으로부터 30분만 더 있다가 출발하자는 요구사항을 들었으면 6대는 먼저 가더라도 차량 1대는 남는 등의 조치를 할 수 있었으나 사건 당시 그러한 요구사항을 듣지 못했다고 진술했다. 그러나 교사 A가 초범인 점, 교사 A가 현장체험학습을 총괄하며 A가 타고 있던 버스가 선두로 출발하여 다른 버스가 뒤따르기로 한 상황에서 6학년 학생 전체의 안전과 학습 진행 상황도 함께 고려할 수밖에 없어 경력 여하에 불문하고 정확한 판단을 내리기가 쉽지 않았을 것으로 보이는 점, 학생 B가 휴게소에 혼자 남겨져 있는 상황은 1시간 정도에 불과했고 휴대폰을 가지고 있어서 그동안 자신의 어머니와 통화를 했던 점, 교사 A는 학생 B가 어머니를 만나기 전까지 B와 2번의 전화통화를 했고, B의 어머니에게도

전화를 걸었던 점 등을 참작하여 선고를 유예한다.

🚩 교사의 교육활동에 주는 함의

　현장체험학습 버스 안에서 학생이 갑자기 화장실에 가고 싶다고 참을 수 없는 상황이라고 하면 교사는 어떻게 해야 할까. 교사 A처럼 행동하지 않았더라도 학생이 실수를 할 수도 있었을 것이다. 그리고 해당 학생이 화장실에서 나오지도 않는데 그 부모로부터 아이를 휴게소에 내려놓고 가라는 이야기를 들었다면? 6학년 학생과 교사들까지 해서 200명이 넘는 사람들이 기다리고 있고 6학년 부장으로서 결정을 내려야 하는 상황이다. 물론 교장에게 보고를 하고 그 지시를 받아 영어전담교사가 학생과 동행하게 하거나, 보호소 등을 찾아보는 것이 더 현명한 선택이었을 것이다. 그렇지만 교사 A는 순간 판단을 잘못해서 학생을 내려주었더라도 중간중간 자신의 학급 아이들을 돌보면서 내려준 학생과 통화를 했고 어머니가 휴게소로 오는 상황이었다. 또한 초등학교 6학년 학생인데 길거리를 1시간 정도 혼자 다니는 경우가 없을까. 그렇지만 이는 방임으로 아동학대라는 판결이 나왔다. 현장체험학습 중에 보호자에게 인계해야 할 상황이 생기면 인계하기까지 학생을 혼자 두면 안 된다는 것이다.

Chapter 4

성적처리와 생활기록부 작성은 교사들에게 민감하고 부담스러운 업무이다. 생활기록부 작성 시 긍정적으로 서술하려 노력하지만, 사실상 정확한 평가가 어렵다. 그러나 이 부분에 대해 이의제기가 발생할 경우 입증 책임은 학생의 부모에게 있고, 법원은 절차대로 처리한 교사와 학교의 손을 들어주고 있다. 성적처리와 생활기록부 작성에 있어서 절차대로 공정하게 처리하는 것이 교사의 평가권을 행사할 수 있는 방법이다.

성적처리 또는 학교생활기록부
관련 이의제기의 경우

성적은 민감한 사안이기 때문에 교사들은 시험문제 출제, 시험감독, 채점, 성적 공개 등의 제반 과정에서 긴장하고 있고 절차대로 하려고 노력한다. 또한 성적처리와 관련해서는 상당히 세부적인 절차가 마련되어 있다. 그러나 시험감독 시 학생이 대놓고 부정 행위를 하는 것은 아니지만 시험 시작 전에 문제를 보거나 종료령이 울리고 나서도 문제를 푸는 등 규칙을 어기는 행동을 할 때 고민이 되는 것이 사실이다. 해당 학생의 편의를 봐주고 싶은 마음도 들지만, 그렇게 하면 상대평가이기 때문에 결과적으로 다른 학생이 피해를 보는 것이 될 수 있기 때문이다. 이를 절차대로 처리했다고 해당 학생의 부모가 소송을 걸었을 때, 법원은 학교의 손을 들어주었다. 해당 학생에게는 가혹하게 느껴질 수 있어도 성적처리는 절차대로 할 수밖에 없고 그것이 공정하다는 것이다.

　또한 학교생활기록부에서 교사의 주관적인 서술형 평가가 들어가는 교과학습발달상황의 세부능력 및 특기사항이나 행동특성 및 종합의견의 경우에는 대부분의 교사들이 최대한 학생들에게 좋게 써주려고 노력한다. 2010년대 중반에 특정 교사의 생활기록부 기록이 '악플'이나 다름없다는 기사가 나면서 교사가 학생에게 좋지 않은 감정이 있더라도 고의적·악의적으로 나쁘게 쓰면 안 되고 부정적인 내용을 쓰더라도 발전 가능성과 함께 서술하라는 지침이 내려온 것이다. 학교에서는 연말에 담당 교사가 생활기록부 기록을 마치면 교사들끼리 여러 번 교차 검토를 한다. 그 과정에서 검토 교사들은 학생에게 부정적인 표현을 쓴 부분을 걸러내고 좋게 쓰도록 담당 교사에게 조언한다. 그러다 보니 현재의 학교생활기록부에는 좋은 말만 있어서 사실 제대로 된 평가라고 보기 어렵다. 교사들도 생활기록부 작성 시기에는 글짓기를 하고 있다면서 자조적인 한탄을 한다. 문제가 많았던 학생도 최대한 좋은 내용으로 기재하며, 칭찬할 부분이 많지 않으니 분량을 다른 학생들보다 다소 적게 쓸 뿐이다.

그렇지만 행동특성 및 종합의견에 적힌 부정적 표현을 정정해달라는 학부모의 소송에서 법원은 학교의 손을 들어주었다. 나이스 누가기록이 없다고 해도 그것은 담임교사의 고유 권한이고 객관적인 증거가 없는 한 정정은 불가하다는 것이다. 물론 교사로서 평소에 학생들을 관찰하고 누가기록을 많이 해놓으면 생활기록부 쓰기도 편하고 법적으로도 유리해진다. 그렇지만 교사가 학교에서 매일 수업하고 생활지도하고 행정업무를 하면서 누가기록까지 하는 것은 쉽지 않은 일이다. 그러나 소송에서는 누가기록이 없더라도 정정을 위해서는 그 부정적 표현이 허위임을 입증해야 하는 책임이 학부모에게 있다. 그렇다면 교사는 지금보다는 조금 더 자신의 평가권을 행사할 수 있다. 교사가 학생에 대한 애정 어린 마음으로 이러한 부분이 개선되었으면 좋겠다고 생활기록부에 적을 수 있는 것이다.

이 장에서 적용된 법률 조항

행정절차법

제21조(처분의 사전 통지) ① 행정청은 당사자에게 의무를 부과하거나 권익을 제한하는 처분을 하는 경우에는 미리 다음 각 호의 사항을 당사자등에게 통지하여야 한다.

1. 처분의 제목
2. 당사자의 성명 또는 명칭과 주소
3. 처분하려는 원인이 되는 사실과 처분의 내용 및 법적 근거
4. 제3호에 대하여 의견을 제출할 수 있다는 뜻과 의견을 제출하지 아니하는 경우의 처리방법
5. 의견제출기관의 명칭과 주소
6. 의견제출기한
7. 그 밖에 필요한 사항

④ 다음 각 호의 어느 하나에 해당하는 경우에는 제1항에 따른 통지를 하지 아니할 수 있다.

1. 공공의 안전 또는 복리를 위하여 긴급히 처분을 할 필요가 있는 경우
2. 법령등에서 요구된 자격이 없거나 없어지게 되면 반드시 일정한 처분을 하여야 하는 경우에 그 자격이 없거나 없어지게 된 사실이 법원의 재판 등에 의하여 객관적으로 증명된 경우
3. 해당 처분의 성질상 의견청취가 현저히 곤란하거나 명백히 불필요하다고 인정될 만한 상당한 이유가 있는 경우

제23조(처분의 이유 제시) ① 행정청은 처분을 할 때에는 다음 각 호의 어느 하나에 해당하는 경우를 제외하고는 당사자에게 그 근거와 이유를 제시하여야 한다.

1. 신청 내용을 모두 그대로 인정하는 처분인 경우

2. 단순·반복적인 처분 또는 경미한 처분으로서 당사자가 그 이유를 명백히 알 수 있는 경우

3. 긴급히 처분을 할 필요가 있는 경우

제26조(고지) 행정청이 처분을 할 때에는 당사자에게 그 처분에 관하여 행정심판 및 행정소송을 제기할 수 있는지 여부, 그 밖에 불복을 할 수 있는지 여부, 청구절차 및 청구기간, 그 밖에 필요한 사항을 알려야 한다.

초·중등교육법

제25조(학교생활기록) ① 학교의 장은 학생의 학업성취도와 인성(人性) 등을 종합적으로 관찰·평가하여 학생지도 및 상급학교(「고등교육법」 제2조 각 호에 따른 학교를 포함한다. 이하 같다)의 학생 선발에 활용할 수 있는 다음 각 호의 자료를 교육부령으로 정하는 기준에 따라 작성·관리하여야 한다.

제30조의6(학생 관련 자료 제공의 제한) ① 학교의 장은 제25조에 따른 학교생활기록 … 을 해당 학생(학생이 미성년자인 경우에는 학생과 학생의 부모 등 보호자)의 동의 없이 제3자에게 제공하여서는 아니 된다. 다만, 다음 각 호의 어느 하나에 해당하는 경우에는 그러하지 아니하다.

2. 제25조에 따른 학교생활기록을 상급학교의 학생 선발에 이용하기 위하여 제공하는 경우

5. 교과학습 발달상황

초·중등교육법 시행규칙

제21조(학교생활기록의 기재내용 등) ① 법 제2조에 따른 학교(이하 "학교"라 한다)의 장이 법 제25조 제1항에 따라 같은 항 제1호부터 제6호까지의 자

료를 학교생활기록으로 작성하는 경우 그 기재내용은 다음 각 호와 같다.

5. 교과학습 발달상황: 학생의 재학 중 이수 교과, 과목명, 평가 결과 및
학습활동의 발전 여부 등

제24조(학업성적관리위원회의 설치·운영) 학교의 장은 학교생활기록의 작성·관
리 관련 업무의 공정하고 적정한 처리를 위해 교육부장관이 정하는 바
에 따라 학업성적관리위원회를 설치·운영해야 한다. …

학교생활기록 작성 및 관리지침

제4조(처리요령)

④ 학교생활기록부 작성에 필요한 보조부는 각 학교의 실정에 맞게 계
획을 수립하여 전산입력·관리하되, 창의적 체험활동상황, 행동특성 및
종합의견의 누가기록 방법은 시·도교육감이 정한다.

제16조(행동특성 및 종합의견) ① 행동특성 및 종합의견은 수시로 관찰하여 누
가 기록된 행동특성을 바탕으로 총체적으로 학생을 이해할 수 있는 종
합의견을 담임교사가 문장으로 입력한다.

제19조(자료의 정정) ① 학교의 학년도는 … 3월 1일부터 시작하여 다음 해 2
월 말일까지로 하며, 학년도 종료 시까지 학교생활기록부 작성을 종료
하고, 매 학년이 종료된 이후에는 당해 학년도 이전의 학교생활기록부
입력 자료에 대한 정정은 원칙적으로 금지한다.

② 제1항에도 불구하고, 객관적인 증빙자료가 있는 경우에만 정정이 가
능하며, 정정 시에는 반드시 정정내용에 관한 증빙자료를 첨부하여 증
빙자료의 객관성 여부, 정정의 사유, 정정내용 등에 대하여 학교 학업성
적관리위원회의 심의 절차를 거친 후 학교생활기록부 정정대장(별표
10의 1조)의 결재 절차에 따라 재학생은 정정 사항의 발견 학년도 담임
교사, 졸업생은 업무 담당자가 정정 처리해야 한다. 다만, 제7조의 인적

·학적사항의 학생정보는 학업성적관리위원회 심의를 생략할 수 있다.

[별표 9] 교과학습발달상황 평가 및 관리

1. 평가의 목표 및 방침

　바. 동 교과학습발달상황 평가 및 관리 내용을 준거로 시·도교육청에
　　서는 초·중·고등학교별 학업성적관리 시행 지침을 수립하고, 각
　　급 학교에서는 시·도교육청 학업성적관리 시행지침에 따라 학교
　　별 세부적인 학업성적관리규정을 제정하여 활용한다.

30 시험감독교사 지시에 따르지 않아 0점 처리

🔍 사실관계

① 2021년 ○○고등학교는 2021년 6월 30일부터 7월 2일까지 1학기 기말고사를 실시했는데, 당시 교사 A는 시험감독교사였고 학생 B, C는 시험을 봤던 2학년 학생이었다(학생 B는 2학년 1반, 학생 C는 2학년 8반). 교사 A는 2021년 7월 1일, 사회탐구방법 시험시간에 시험지 배부 도중 객관식 시험지 일부가 부족하자 학생들에게 '서술형 답안지로 시험지를 덮은 뒤 양손을 책상 아래로 내리고 정면을 응시하라'고 지시하고 복도 감독관에게서 여분의 시험지를 받아 배부했는데, 그동안 학생 B가 서술형 시험지 1번 문항 아래에 '표준준거'라고 기재했고 교사 A가 이를 부정행위로 적발했다. 따라서 교사 A는 사회탐구방법 시험 종료 후 학생 B에게서 구두로 "시험 시작 전 문제를 읽고 '표준준거'로 적었음"을 확인받았고, 학생 B는 이와 관련된 자필 경위서를 학교에 제출하였다. 또한 교사 A는 2021년 7월 2일, 수학I 시험시간에 시험종료령이 울린 후 학생들에게 손을 머리에 올리도록 지시했는데도 학생 C가 손을 머리에 올리지 않아 재차 지시했는데, 그러면서 학생 C가 답안지를 계속 작성하고 있는 것을 발견하여 이를 부정행위로 적발했다. 학생 C는 수학I 시험 종료 후 자필 경위서를 제출하면서 "답을 적으려고는 했으나 볼펜심이 나오지 않아 실제로 기재하지는 못했다."고 해명하고, 학생 C의 부모가 2021년 7월 5일과 8일에 학업성적관리위원회에 의견서를 제출했다.

② ○○고등학교장은 2021년 7월 12일, 학업성적관리위원회 회의를 열어 위원들에게 감독교사 진술서, 학생 B, C의 진술서, 학생 C 부모의 의견서를 배부하고 학생 B의 사회탐구방법 성적 및 학생 C의 수학I 성적처리에

관하여 심의했는데, 두 학생 모두 ○○고등학교 시험관리지침에서 정한 부정행위자에 해당한다는 결론이 나왔다. 이에 따라 ○○고등학교장은 2021년 7월 20일, 두 학생에게 해당 과목 성적이 부정행위로 인하여 0점이라고 통지했다.

🔨_ 법원의 판결

원고: 학생 B, C, 피고: ○○고등학교장

제1심
- 부산지방법원 2021구합23535
- 원고 패소

🔨_ 판결 이유

○○고등학교장이 해당 학생들의 성적을 부정행위로 인해 0점 처리한 것은 적법하다. 그 이유는 다음과 같다.

① 학생 B, C와 그의 부모들은 ○○고등학교장이 그들에게 학업성적관리위원회의 일시를 고지하지 않았고 의견제출 기회를 부여하지 않아 성적처분이 위법하다고 주장한다. 그러나 학생 B, C는 이와 관련하여 자필 경위서를 제출했고 학생 C의 부모는 학업성적관리위원회에 의견서도 제출했기 때문에 절차적 위법은 없다. 또한 학업성적관리위원회는 학교의 심의기구 내지 자문기구로, 교장에게 해당 학생과 부모를 회의에 직접 출석하여 의견을 개진하도록 할 의무는 없다.

② 학생 B, C와 그의 부모들은 ○○고등학교의 학업성적관리규정 중 부정행위 관련 규정이 상위 법령인 「초·중등교육법」 등에 아무런 위임 및 근거규정이 없어 이에 근거한 처분은 위법하다고 주장한다. 그러나 「초·

중등교육법」제25조 제1항 제5호 및 같은 법 시행규칙 제21조 제1항 제5
호는 교육부훈령에 위임하고 있고, 교육부훈령인「학교생활기록 작성
및 관리지침」제15조 제1항 [별표 9] 제1호 바목은 각급 학교의 학업성
적관리규정에 위임하고 있다. 따라서 ○○고등학교의 학업성적관리규
정은 적법한 규정이다. 그리고 ○○고등학교 학업성적관리규정 제7조
제1항 제8호에는 부정행위자 처리가 다음과 같이 규정되어 있다.

▣ 부정행위자 처리

1. 다음과 같은 행위를 하는 자는 부정행위자로 간주하며, 부정행위의 판단
   이 어려운 경우는 학업성적관리위원회에서 심의하여 정한다.

   가. 감독 교사의 지시를 어기는 행위

   나. 다른 학생의 답안지를 보거나 보여주는 행위

   다. 부정 휴대물을 보거나 대리 수험하는 행위(책상에 낙서를 하는 행위
   포함)

   라. 휴대전화 및 통신 기능이 있는 모든 전자기기(스마트기기(스마트워
   치), 태블릿PC, 전자사전, 통신기능이 있는 이어폰 등)를 조작, 이용
   하거나 시험장에 반입하는 행위

   마. 다른 학생과 서로 신호를 하는 행위

   바. 종료령이 울린 이후 답안을 작성하는 행위

   사. 시험지에 답을 크게 표시하는 행위나 시험지를 훼손하는 행위

   아. 기타 부정한 행위로 인정될 만한 행위

또한 ○○고등학교 학업성적관리규정 제10조 제1항은 "고사 부정행
위자 및 답안지를 고의적으로 제출하지 않은 학생은 감독교사의 신고에

의해 위원회의 심의를 거쳐 학교장의 결재를 받은 후 해당 교과의 지필고사 성적을 0점 처리한다."고 정하고 있다.

③ 학생 B, C와 그의 부모들은 사회통념이나 해당 행위가 시험에 실질적으로 미치는 영향 등을 고려하면 학생 B, C가 '부정행위'를 한 것이 아니라고 주장한다. 그러나 학생 B, C는 ○○고등학교 학업성적관리규정상 '가. 감독교사의 지시를 어기는 행위'를 하였다. 학생 C는 실제로 답안을 작성하지는 못해 '바. 종료령이 울린 이후 답안을 작성하는 행위'에 해당되지는 않는다고 해도 감독교사의 지시를 어긴 것은 맞다. 학업성적관리규정이 부정행위의 유형을 개별적·구체적으로 명시하고 있는 이상 학생 B, C와 그의 부모들이 주장하는 것처럼 '부정행위'의 내용을 제한하여 해석할 여지는 없다.

④ 학생 B, C와 그의 부모들은 설령 이들이 '부정행위'를 했다고 하더라도 시험 관련 규칙의 위반 정도에 관하여 개별적·구체적으로 살피지 않은 채 무조건 0점으로 처리하는 것은 지나치게 가혹하여 재량권을 남용한 것이라고 주장한다. 그러나 부정행위자 처리 원칙은 학생들 모두에게 사전에 고지되었고 전년도인 2020학년도에도 부정행위로 0점 처리되는 학생의 사례가 있었던 점, ○○고등학교뿐만 아니라 대부분의 학교가 부정행위자에 대해 해당 과목을 0점으로 처리하는 시험관리지침을 두고 있다는 점, 상대평가인 상황에서 부정행위로 성적 부여의 객관성과 공정성이 훼손될 경우 제3자들에게까지 영향을 미칠 수 있어 엄정하고 획일적인 대처가 불가피한 점, 학업성적관리위원회의 심의를 거친 점 등에 비추어 보면 ○○고등학교장이 재량권을 남용한 것이라 볼 수 없다.

⚖️ 교사의 교육활동에 주는 함의

아마 대부분의 학교의 학업성적관리규정에 '감독교사의 지시를 어기는 행위'는 부정행위로 들어가 있을 것이다. 본격적인 시험 시작 전이라 다른 학생들은 다 정면을 보고 있는데 혼자 서술형 답안지에 답을 쓰고, 시험 종료령이 울려 손을 머리에 올리라고 해도 올리지 않고 문제를 푸는 등의 행동은 예전에는 그냥 봐줬을지도 모르겠다. 그러나 지금은 교사가 그렇게 하면 다른 학생들이 항의를 할 수도 있다. 따라서 감독교사는 애매하면 일단 절차에 따라 적발하고 해당 사안을 학업성적관리위원회에 올려야 한다. 감독교사가 해당 학생의 사정을 잘 알고 친밀한 관계가 있어 안타까운 마음이 들더라도 이는 어쩔 수 없는 일이다.

31 생활기록부에 '성적에 집착한다'는 표현 기재

💥 사실관계

2016년 ○○중학교에서 교사 A는 2학년 □반 담임교사였고, 학생 B는 해당 반 학생이었다. 교사 A는 학생 B의 학교생활기록부 중 '행동특성 및 종합의견'란에 다음과 같이 기재하였다.

> 다소 내성적이며 조용한 성품으로, 주어진 일에 최선을 다하며 학급 및 학교의 규칙을 잘 준수하는 학생임. <u>성적에 대한 집착이 다소 강한 편으로</u>, 긴장하는 경향이 있으나 전 교과 성적이 두루 우수하며 특히 과학과 수학과목에 강한 흥미를 가지고 있음. 또한 관심 있는 분야와 관련해서 독서로 꾸준히 실천하고 있고 이를 통해 장래에 대한 진지한 탐색을 진행하고 있음.

교사 A는 이와 관련하여 2016년 11월 2일 학생 B를 면담하면서 교무수첩에 '성적에 민감한 부분, 긴장 등 좀 릴렉스해야'라고 적었다. 그러나 이 내용을 나이스 전산망에 등록하지는 않았다. 학생 B의 어머니는 2017년 3월 16일경, 해당 부분의 정정을 요청하였고, 교사 A도 2017년 3월 17일경, ○○중학교장에게 "해당 부분이 해석에 따라서 학생 B에 대한 부정적인 인식으로 읽힐 수 있다."는 이유를 들어 '집착'이라는 단어를 '관심'이라는 단어로 정정해줄 것을 요청하였다. 그러나 ○○중학교 학업성적관리위원회는 2017년 3월 23일과 30일, 2회 심의 결과 "생활기록부 기재 원칙에 따라 정성평가에 해당되는 부분은 민원 여부와 상관없이 정정이 불가능하다."는 교육청 질의 결과를 토대로 해당 부분을 정정하지 않기로 결정하였고, ○○

중학교장은 교사 A에게 이 부분의 정정을 거부하는 취지의 통지를 하였다. 그리고 교사 A는 2017년 3월 31일 학생 B의 어머니에게 해당 처분을 알렸다.

⚖ 법원의 판결

원고: 학생 B 피고: ○○중학교장

제1심
- 서울행정법원 2017구합68349
- 원고 패소

제2심
- 서울고등법원 2018누35959
- 원고 패소

⚖ 판결 이유

1심

학생 B의 주장은 이유 없어 청구를 기각한다. 그 이유는 다음과 같다.

① 학생 B와 그의 부모는 해당 부분이 사실과 다르게 허위로 작성되었기 때문에 정정되어야 한다고 주장한다. 그러나 학생 B와 그의 부모가 제출한 증거는 이 부분이 객관적인 사실에 어긋나 부당하게 이루어진 평가 또는 의견이라고 보기에 부족하다. 교사 A는 1년 동안 학생 B의 학습 태도, 학업성취도, 학교생활 등을 지도·관찰하면서 확인한 여러 사항을 종합적으로 고려하여 이 부분을 작성한 것으로 보이며, 아무런 객관적 근거 없이 자의적이고 독단적인 판단에 따라 작성한 것이라고 보기 어렵고, 학생 B의 장점도 기재되어 있는 점에 비추어 볼 때 B에 대해서만 특히 악의적으로 이 부분을 작성했다고 보기 어렵다.

② 학생 B와 그의 부모는 해당 부분의 판단 근거가 되는 누가기록이 없어 「학

교생활기록 작성 및 관리지침 제16조 제1항」및 제4조 제4항을 위반하여 작성된 것이라고 주장한다. 그러나 교육부훈령 제16조 제1항에서의 '누가기록된 행동특성을 바탕으로'의 의미는 누가기록된 행동특성 등을 포함하여 여러 가지 사항을 종합적으로 고려한다는 의미이지 '누가기록이 없는 경우 그에 관하여 종합의견을 기재할 수 없다'고 해석할 수는 없다.

③ 학생 B와 그의 부모는 '정성평가이기 때문에 정정이 불가능하다'는 내용은 관련 법령에 규정되어 있지 않아 해당 처분은 법적 근거가 없다고 주장한다. 그러나 교육부훈령 제19조 제1항, 제2항은 매 학년이 종료된 이후에는 당해 학년도 이전의 학교생활기록부 정정을 원칙적으로 금지하고, 객관적인 증빙자료가 있는 경우에만 학업성적관리위원회의 심의를 거쳐 정정하는 것으로 규정하고 있다. 이는 1년 동안 해당 학생을 지도·관찰한 담임교사의 의견 내지 평가를 존중하기 위한 것으로, 담임교사가 허위사실 내지 고의적·악의적인 평가 내용을 기재한 것이 아닌 이상 해당 부분은 담임교사의 교육전문성에 따라 작성할 수 있다고 보아야 한다.

④ 학생 B와 그의 부모는 학업성적관리위원회가 실질적으로 심의와 판단을 포기하고 교육청의 지시를 따랐으므로 결정의 주체가 학업성적관리위원회인지 교육청인지 불명확하여 하자가 있다고 주장한다. 그러나 학업성적관리위원회는 2017년 3월 23일과 30일, 2회의 심의 절차를 거쳐 교육청 질의 결과를 참고하여 해당 처분을 결정한 것이다. 따라서 결정 주체가 학업성적관리위원회가 아니라고 할 수 없다.

(학생 B는 항소했다.)

2심

학생 B의 청구는 이유 없어 기각한다. 그 이유는 다음과 같다.

① 학생 B와 그의 부모는 교사 A의 교무수첩이 아니라 나이스 전산망에 기재된 누가기록을 근거로 학교생활기록부가 작성되었어야 한다고 주장하나, 교육부훈령 제4조 제3항을 보면 누가기록 방법은 시·도 교육감이 정한다고 되어 있다. 이는 교사의 업무부담 경감 등을 위해 변경된 것이다. 또한 교육부장관은 이 법원의 사실조회에 대하여 전산 이외의 방법으로 작성된 지도·관찰 내용도 당시에 작성된 것이 명백하다면 관찰 자료로서 의미를 갖는다고 회신하였다. 또한 과학교사, 가정교사, 수학교사 등 다수의 교사들이 작성한 진술서에도 원고가 성적에 민감하다는 점을 뒷받침하는 세부적인 행동이 적시되어 있다. 학생 B는 인성검사 결과를 제출하였으나, 이는 해당 기재 부분이 사실이 아니라는 점에 대한 충분한 객관적인 증명자료라고 볼 수 없다. 그리고 객관적인 증명자료가 없다면 학교생활기록부를 정정하지 않는 것이 원칙이다.

② 학생 B와 그의 부모는 「행정절차법」 제21조, 제22조에 따라 행정청이 당사자에게 불이익한 처분을 하는 경우 사전통지 및 의견제출의 기회를 부여했어야 한다고 주장하나, 학교생활기록부 정정 거부 처분 자체만으로 당사자의 권익을 제한한다고 볼 수 없다. 또한 학생 B와 그의 부모는 「행정절차법」 제23조에 따라 교장이 해당 처분의 근거를 당사자에게 제시했어야 한다고 주장하나, 처분의 직접 당사자인 교사 A로서는 그 이유를 충분히 알 수 있으므로 교장이 처분의 근거 및 이유제시 의무를 위반했다고 볼 수 없다.

⚖️ 교사의 교육활동에 주는 함의

이 판례에서 학생 B의 부모 및 변호사는 학교의 절차 중 법적으로 걸면 문제가 될 수도 있는 부분을 상당히 많이 알고 있었던 것으로 보인다. 「행정절차법」이나 교육부훈령 등을 언급하며 소송을 제기한 것을 볼 때 그러하다. 법적으로 볼 때 학교는 행정기관이고 학부모는 민원인이며, 행정기관이 민원인의 인권을 보호하면서 일해야 한다는 규정을 적극 이용한 것이다. 그렇지만 법원은 '행동특성 및 종합의견' 작성은 담임교사의 고유 권한이며, 이것이 허위로 작성되었음은 학부모가 입증해야 한다고 판결하였다. 학부모는 담임교사의 나이스 누가기록이 없는 것을 문제 삼았지만, 교무수첩 기록도 관찰 자료로 인정되고 그것이 없다고 해도 객관적인 자료가 없는 한 정정은 안 되는 것이다.

32 생활기록부에 '화장을 한다'는 표현 기재

🔎 사실관계

2016년 ○○고등학교에서 교사 A는 1학년 □반 담임교사였고, 학생 B는 해당 반 학생이었다. 교사 A는 학생 B의 학교생활기록부 중 '행동특성 및 종합의견'란에 다음과 같이 기재하였다.

> 둥글둥글한 성격으로 쉽게 급우들과 친해지고 먼저 다가가는 성격을 가지고 있음. 수련회 기간 천왕봉 등정 활동에서 뒤꿈치가 까지고 진물이 나는 상황에서도 먼저 하산해 있는 친구들이 기다리지 않도록 하기 위해 쉼없이 끝까지 최선을 다하는 끈기와 열정을 보여줌. 기본적인 생활태도가 잘 정립되지 않아 학교생활에서 지적을 다수 받음. 특히 교칙을 매일 위반하다시피 짙은 화장과 불량한 옷차림으로 담임교사와 여러 교과 선생님들께 개선을 요구받았음에도 불구하고 크게 개선되지 않음. 수업시간과 자습시간에 집중하지 못하는 모습을 보이면서 다른 학생들을 배려하지 못하고 급우들의 학업에 지장을 주어 불편을 호소한 적이 있음. 하지만 이러한 모습을 반성하며 타인에게 피해를 주지 않으려는 의지와 반성의 모습을 보임.

학생 B의 부모는 2017년 6월 5일, ○○고등학교 학업성적관리위원회에 해당 부분이 객관적 근거 없이 작성된 것이라며 정정을 요구하였다. 그리고 학업성적관리위원회는 2017년 6월 9일, 12일, 16일 3회 개최되었고, 2017년 6월 16일에 학생 B와 그 부모에게 행동특성 및 종합의견 항목은 담임교사가 고유권한에 따라 기록한 것으로 이에 대한 정정 여부 판단은 학업성적관리위원회의 권한을 벗어난다는 이유로 정정 요구를 거부하는 취지의 통지를 하였다.

🔎 법원의 판결

원고: 학생 B, 피고: ○○고등학교장

제1심 • 부산지방법원 2017구합22184
• 원고 패소

🔎 판결 이유

학생 B의 주장은 이유 없어 청구를 기각한다. 그 이유는 다음과 같다.

① 학생 B와 그의 부모는 해당 부분 기재가 객관적 근거 없이 이루어진 것이라고 주장하나,「학교생활기록부 작성 및 관리지침」제16조 제1항 등 관련 법령을 보면 담임교사는 '행동특성 및 종합의견' 작성에 있어 허위사실 내지 고의적·악의적인 평가 내용을 기재한 것이 아닌 이상 광범위한 재량권을 가진다고 봐야 한다. 또한 학생 B의 장점뿐만 아니라 단점 부분에 대한 변화 가능성도 함께 기재되어 있는 점, 학생 B 외의 다른 학생들에 대한 학교생활기록부의 내용에도 해당 학생의 단점 내지 부정적 평가 등이 기재되어 있는 점 등에 비추어보면 교사 A가 학생 B에 대해서만 특히 악의적이라든가 과장하여 작성했다고 보기도 어렵다.

② 또한 학생 B와 그의 부모는 교사 A가 ○○고등학교 교칙의 절차(벌점 10점이면 학부모에게 문자 통보 → 벌점 12점이면 학부모에게 내교통지서 발송 → 벌점 15점이면 생활기록부에 기록되는 내용을 알림)를 거치지 않고 해당 부분을 작성해서 문제라고 주장하나, 이는 누적벌점이 15점

이상되면 그에 대한 내용을 생활기록부에 기재하도록 한 취지일 뿐 학부모에게 위 사실을 알리지 않을 경우 생활기록부에 학칙 위반 사항 등을 기재하지 못한다는 규정으로 보기 어렵다. 또한 해당 내용은 교사 A의 학생 B에 대한 총체적인 의견이지 단순히 벌점 부과에 대한 사항을 기재한 것이 아니라 해당 교칙이 이 사건 기재 부분에 적용될 여지도 없다.

🏷️ 교사의 교육활동에 주는 함의

교사 A는 사례에 기반하여 상당히 구체적으로 학생에 대해 기록하였다. 교사 A는 학생 B와 관련된 사실을 쓴 것이지만 현재로서는 이렇게 쓰지 못하도록 미리 수정을 요구하는 학교도 있을 수 있다. 그렇지만 법원은 교사가 '행동특성 및 종합의견'에 허위사실이나 고의적·악의적 평가를 쓴 것이 아니라면 광범위한 재량권을 가진다고 판단하였다. 따라서 교사가 학생이 변화되었으면 하는 좋은 마음으로 생활기록부에 변화가능성과 함께 단점을 기록한다면 그것은 법적으로 문제가 되지 않는다.

Chapter 5

학부모의 학교 교육활동 개입이 늘어나면서 교사를 비롯한 학교의 안전 문제가 부각되고 있다.

과거의 존경과 권위의 대상이 아닌 교육공무원이 된 교사는 폭행, 모욕 등의 위험에 처하고 있다.

학부모의 폭력 행위는 반복되는 경우가 많기 때문에 학교 안전을 보장하기 위해 학교 출입 제한 등

법적 조치와 강력한 처벌이 필요하다.

학부모가 교사에게
폭력을 가한 경우

학교의 교육활동에 있어 새롭게 주목을 받는 주체가 '학부모'이다. 과거에는 학부모가 학교 교육의 배경에 있었으나, 이제는 잦은 민원제기 등으로 전면에 나서고 있다. 따라서 현재는 많은 교사가 학부모의 존재를 의식하면서 교육활동을 한다. 학부모의 교육활동 개입은 교사들의 아동학대를 줄이는 등 긍정적인 측면도 있으나, 자신의 자녀만을 위하는 행동을 하면서 학교 전체에는 악영향을 미치는 경우가 적지 않다. 지금과 같은 상황에서는 학부모의 학교 참여를 무조건 긍정적으로만 볼 수 없다. 이는 교육공무원인 교사에게 있어서 해결해야 할 '민원'을 의미하며, 장려하지 않아도 이미 넘치고 있고, 그 내용이 합리적이지 않은 경우도 많다.

　이 장에서는 학부모가 적법한 민원을 제기하는 것을 넘어서 그 과정에서 교사에게 폭력을 행사한 판례를 다룬다. 학부모가 교사를 자녀의 스승으로 보고 어려워했던 과거와 달리, 지금 학부모에게 교사는 교육행정기관의 공